AI·메타버스 시대의
산업경제적 광고PR 전략

이 책은 한국언론진흥재단의 정부광고 수수료를 지원받아
제작되었습니다. 자세한 내용은 QR코드를 통해 확인해 주세요.

AI·메타버스 시대의
산업경제적
광고PR
전략

Economic·Industrial
Advertising and
PR Strategies
in the Age of
AI and Metaverse

| 김활빈·고흥석·박병규 지음 |

한울
아카데미

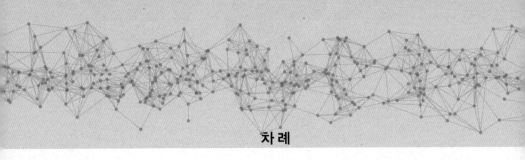

차 례

1장
AI·메타버스 시대
광고PR 산업의 현재와 미래 _김활빈

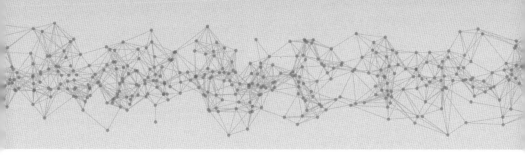

발간사

회원 여러분 안녕하십니까?

한국광고PR실학회 제11대 회장 홍문기 인사드립니다.

그동안 한국광고PR실학회는 2000년대 초반부터 회원 여러분들과 함께 다양한 주제의 전문서적들을 출간해 왔습니다. 때로는 이론적 논의 과정을 중심으로 한 책을, 때로는 실무적 함의를 되새기는 책을 편찬하면서 시대적 변화와 새로운 영감(insight)에 주목해 왔습니다.

광고PR 관련 기존 서적들의 가장 큰 한계와 문제점은 어떤 주제로 무슨 주장을 하든 전통적 설득 커뮤니케이션의 논리구조에 얽매여 있다는 점입니다. 그렇지만 이번에 발간되는 두 권의 책 『AI·메타버스 시대의 기술적·인문사회적 광고PR 전략』과 『AI·메타버스 시대의 산업경제적 광고PR 전략』은 커뮤니케이션 기술의 변화를 기반으로 광고PR 전략의 방향을 새롭게 제시한다는 점에서 기존의 설득 커뮤니케이션 관련 서적과는 분명히 다르다고 생각합니다.

다가오는 미래의 커뮤니케이션 기술로서 인공지능(AI)과 메타버스(meta-verse)를 조망하고, 이를 광고PR 분야의 새로운 영역으로 편입시키려는 저자들의 노력은 이 책을 읽는 모든 독자들의 기술적·인문사회적·산업경제적 관점에서의 시대 인식과 가치관 형성에 혁신적인 변화를 불러일으키리라 확신합니다.

올해 한국광고PR실학회가 펴내는 이 두 권의 책은 다양한 기술적·인문사회적·산업경제적 이슈와 관련해 광고PR의 학문적 영역을 확장시키고, 실무적 적용 범위를 인공지능 및 메타버스와 접목시켰다는 독특한 특징이 있습니다.

두 권의 저서를 완성하기 위해 늦은 봄부터 서늘해진 가을까지 수고해 주신 박노일, 정지연, 김성원, 문원기, 부수현, 김활빈, 고흥석, 박병규 선생님께 진심으로 감사드립니다.

특히 이 책의 기획, 저자 섭외, 일정 조율, 출판 등을 포함한 제반 과정을 총체적으로 책임지며 훌륭하게 이끌어주신 김활빈 교수님, 한국광고PR실학회가 기획한 이 책의 출간을 물심양면으로 후원해 주신 한국언론진흥재단 표완수 이사장님, 책 출간 과정에서의 여러 가지 번거로움을 기쁘고 즐겁게 해결해 주신 한울엠플러스(주) 김종수 대표님께 심심한 감사의 말씀을 전합니다.

촉박한 일정에도 잘 마무리해 준 한울엠플러스(주) 편집부 분들과 귀찮고 까다로운 일들을 아름다운 미소로 해결해 주신 장지연 사무국장님께 깊은 감사의 말씀을 전합니다.

여러 우여곡절과 이를 극복하기 위한 많은 분들의 절실한 노력으로 완성된 제11대 한국광고PR실학회 기획 저서들이 회원 여러분들을 포함한 모든 독자 여러분께 인공지능과 메타버스 시대에 참신한 영감을 불어넣는 멋진 기회를 선사하기를 간절히 바랍니다.

감사합니다.

2022년 11월
한국PR실학회 제11대 회장

홍문기

머리말

 스마트폰의 등장은 많은 분야를 바꾸어놓았다. 광고PR 분야도 예외는
아니다. 스마트폰과 같은 모바일 기기를 통해 더 많은 사람들이 시간과 장
소에 구애받지 않고 콘텐츠를 즐기게 되었으며, 콘텐츠를 제작하고 유통
하는 방식도 함께 바뀌고 있다. 광고를 꺼리는 사람이 여전히 많지만, 콘
텐츠 이용 시간이 증가하면서 역설적으로 광고에 노출되는 시간도 증가하
고 있다. PR이나 각종 캠페인도 마찬가지이다. 광고PR 산업은 새로운 미
디어 환경에서도 성장하고 있으며, 광고PR 전략은 이전보다 더 중요해졌
다. 광고PR 결과물들이 대량으로 생산되고 대량으로 소비되는 것이 아니
라 다양한 종류가 생산되어 취향에 따른 타깃 수용자들에게 적절히 배분
되어야 하는 상황이기 때문이다. 새롭게 등장한 광고PR 기술이 무엇이고
실제 현장에서 어떻게 적용되고 있는지, 그 인문학적 함의가 무엇인지, 산
업경제적 측면에서 어떠한 영향을 미치고 있는지 살펴볼 필요가 있다.
 이 책은 이러한 아이디어에서 출발해, 한국광고PR실학회에서 2022년
4월에 시작한 출판 사업을 통해 완성되었다. 이미 출간된 많은 광고PR 책
들과 차별성 있고, 조금이라도 새로운 내용을 담아야 한다는 마음이 가장
앞섰다. 저술의 핵심 목표는 새롭게 등장한 기술이 기존의 미디어 산업과
광고PR 분야에 미치는 영향을 다양한 시각에서 살펴보는 것이었다.
 제4차 산업혁명의 핵심 기술인 AI와 메타버스에 주목하면서, 이러한 기

술이 광고PR 분야에 적용될 때 내포될 전략적 함의와 그 영향에 대해 기술적·인문학적·산업경제적 측면에서 살펴보고자 했다. 인공지능 기술이 무엇이고 광고PR에 어떻게 응용되는지, 인간이 어떻게 인공지능을 사회 구성원으로 받아들이게 될지 인문학적으로 성찰했다. 또한 AI와 메타버스 기술이 적용되는 환경에서 새로운 기술을 이용하는 소비자들은 심리적·정서적으로 어떤 특성을 가지는지 고찰하고자 했다. 이와 함께 공공 미디어 분야에 활용되고 있는 새로운 광고PR 전략을 살펴보기도 했다. 또한 산업경제적 분야에서 최근 화두로 떠오르고 있는 ESG와 가치공유 개념이 적용된 광고PR에 대해 살펴보고자 시도했다.

이상의 논의를 두 권의 책 『AI·메타버스 시대의 기술적·인문사회적 광고PR 전략』과 『AI·메타버스 시대의 산업경제적 광고PR 전략』으로 완성했다. 이 책들은 저술에 참여한 저자 고흥석·김성원·김활빈·문원기·박노일·박병규·부수현·정지연의 지혜와 헌신이 있었기에 결실을 맺을 수 있었다. 광고PR 학계와 관련 업계의 많은 사람들이 AI와 메타버스가 광고PR과 어떻게 접목되고 활용되며, 전략적 가치를 지닐 수 있을지 이야기하고 토론하는 데 이 책이 촉매제가 되기를 바란다. 글을 쓰기 위해 고민하고 노력해 주신 저자분들과 출판 사업을 기획하고 차질 없게 추진해 주신 한국광고PR실학회 홍문기 회장님, 책이 출간될 수 있도록 많은 도움을 주신 한울엠플러스(주) 관계자분들께 감사드린다. 또한 학문적 아이디어와 통찰력을 불어넣어 주고 격려를 아끼지 않는 선후배, 동료 학자들, 가족에게 감사하는 마음을 전한다.

2022년 11월

저자를 대표하여 김활빈

서문
AI·메타버스 시대의 광고PR 산업의 기회와 도전

김활빈

하루 종일 일을 한 뒤 피곤한 몸을 이끌고 퇴근을 할 때면 핸들에 손을 대지 않고 편하게 반쯤 누워 집에 가는 것을 상상을 해본 직장인들이 많을 것이다. 또한 미래 어느 시점에 뛰어난 리더십과 전술 그리고 초능력으로 지구를 침략한 외계 무리를 무찌르는 자신의 모습을 그리며 마블의 히어로 중 하나가 된 듯한 뿌듯함을 상상하기도 한다. 이러한 상상 속 모습이 현실에서 실현될 날이 점점 다가오고 있다. 4차 산업혁명의 핵심 기술인 인공지능 기술과 메타버스 기술이 발전하면서 상상이 현실이 되고 있다. 그리고 인공지능 및 메타버스 관련 산업과 시장은 그러한 기대를 반영하듯 계속 성장하고 있다.

테슬라를 비롯한 전기 자동차를 생산하는 기업들은 단순히 동력 체계를 내연기관에서 전기장치로 바꾸는 것이 아니라 자율주행 기능을 통해 미래 자동차 시장에서 경쟁하고 있다. 간단한 주행 보조 기능부터 인간의 개입 없이 온전히 자율주행 기능에 의존하는 단계까지 다양하다. 단계가 올라갈수록 자율주행 시스템에서 실시간으로 처리해야 하는 데이터는 많은데, 이러한 데이터를 즉각적인 판단과 결정을 통해 안전하게 주행하도록 하는 것이 결국 인공지능 기술이 핵심이다. 하지만 완전한 자율주행 기능이 상용화되기까지는 시간이 더 필요할 것 같다. 최근 캘리포니아 차량국(DMV:

Department of Motor Vehicles)은 테슬라의 오토파일럿과 풀 셀프 드라이빙 기능이 주행보조장치에 불과하지만, 마치 자율주행 제어 기능을 제공하는 것처럼 광고한 것을 과장 광고로 판단해 시정을 요구했다(장형임, 2022.8.6). 과장 광고가 자칫하면 자율주행 기능에 대한 환상을 심어줄 수 있다. 이 경우, 정부 당국의 통제가 잘 작동한 것이다. 이렇듯 인공지능과 메타버스 기술이 제시하는 장밋빛 미래는 광고PR과 같은 마케팅 커뮤니케이션을 통해 묘사되는 경우가 많은데, 관련 산업과 시장의 건전한 생태계를 위해서도 주의를 기울일 필요가 있다.

인공지능과 메타버스 기술은 변화하는 새로운 디지털 미디어 환경과 맞닿아 있다. 디지털 미디어 시대로의 이행이 가속화되면서 많은 디지털 데이터와 정보가 생산되고 이들을 처리 및 분석하는 인공지능 기술이 필수적인 시대가 되었다. 또한 가상세계로 대표되는 메타버스 역시 디지털 미디어 기술 없이는 불가능한 공간이다. 광고PR 산업 역시 이러한 시대적 흐름에 맞춰 변화에 대응하는 노력을 기울이고 있으며, 인공지능과 메타버스 기술이 점차 광고PR 산업의 혁명적 변화를 이끌고 있다.

광고PR 산업이 시대적 흐름에 따라 변화하면서 마케팅 커뮤니케이션의 패러다임도 진화하고 있다고 평가된다(김병희, 2020). 4차 산업혁명으로 초연결 네트워크 시대로 진입하면서 데이터의 양도 방대해지고, 이를 선별적으로 수집·분석·활용하는 분야가 급성장하고 있다. 이러한 흐름에 맞춰 광고PR 산업도 함께 변화·발전을 하고 있는데, 예를 들면 더욱 정밀한 개인화 마케팅과 브랜드 마케팅이 가능해지면서 광고의 효과도 함께 증가하고 있다. 광고와 기술이 결합된 애드 테크(AD Tech)는 광고와 PR의 형태 및 기법을 이전과 다르게 변화시켰는데, 대표적인 기술이 가상현실(VR: virtual reality), 증강현실(AR: augmented reality), 혼합현실(MR: mixed reality)

로 대표되는 메타버스이다. 이와 같은 메타버스 기반의 광고PR 기법은 경험과 체험을 강조하는 마케팅으로 주목받고 있다. 이제는 광고PR 메시지를 소비자나 공중에게 일방적인 전달해 성과를 기대하는 기존의 방식에서, 방대한 데이터를 분석하고 개인맞춤형 체험과 경험을 제공하는 노력으로 이어지고 있다(김상훈·강윤지, 2021). 광고PR 종사자들과 전문가들이 바라왔던 빅데이터로 고도화되고 정밀한 타기팅과 인공지능을 통한 똑똑한 광고PR, 그리고 언택트 시대에 디지털 네트워크와 가상공간을 통해 모두를 연결시킬 수 있는 시대로 이행 중이다.

이 책의 저술 목적은 디지털 미디어 환경과 AI·메타버스 시대로 이행해 가는 지금, 광고PR의 변화한 모습과 새로운 광고PR 시대를 준비하면서 산업경제적 시각에서 어떠한 전략으로 대응해야 할지를 모색해 광고PR 산업을 더 잘 이해하도록 하는 것이다. 이를 위해 먼저 디지털 미디어로 이행하면서 미디어 환경이 어떻게 새롭게 바뀌었는지 살펴보고, 이에 맞춰 광고PR 시장이 어떻게 변화하고 있으며 산업적으로 어떻게 대응하고 있는지를 1장 「AI·메타버스 시대 광고PR 산업의 현재와 미래」(김활빈)에서 살펴본다. 다음으로 새로운 시대에 걸맞은 가치로서 최근 집중적으로 조명을 받고 있는 ESG(Environmental, Social, and Governance: 환경, 사회, 지배구조)에 대해 2장 「ESG와 가치공유의 시대」에서 살펴본다. ESG 개념의 등장 배경과 세부적인 내용, ESG 체계에 대한 평가 및 논의에 대해서는 고흥석이 담당했고, ESG 관련한 조직의 광고PR 사례는 김활빈이 추가했다. 마지막으로 광고PR 패러다임이 ESG 기반의 패러다임으로 전환되는 현상과 ESG를 통한 광고PR 산업의 전략적 변화 가능성을 3장 「ESG 기반의 광고PR 패러다임 전환」(박병규)에서 분석한다.

단순히 시대와 환경이 변한다고 해서 광고PR 산업이 자동으로 변화에 올바르게 적응하는 것은 아니다. 변화하는 모습과 현상을 정확히 관찰하고 분석함으로써 그 변화의 의의를 파악해야 한다. 그리고 새로운 디지털 미디어 시대 혹은 AI·메타버스 시대에 걸맞은, 적용 가능하고 지속 가능한 형태로의 산업경제적 대응을 고민하고 노력해야 하며, 수많은 시행착오를 각오해야 한다. 새로운 시대를 맞아 광고PR 산업계가 들이는 노력에 이 책이 도움을 줄 수 있기를 기대한다.

참고문헌

김병희. 2020. 「광고 산업과 PR 산업의 변화와 광고 개념의 재정의」. 한국광고홍보학회 엮음.
　　『디지털 변화 속 광고PR 산업』. 학지사.

김상훈·강윤지. 2021. 「4차 산업혁명과 광고산업의 변화」. 한국광고학회 엮음. 『광고의 미
　　래 넥스트 10년』. 학지사.

장형임. 2022.8.6. "자율주행이 과장 광고였어? … 美 캘리포니아, 테슬라 고발". ≪서울경제≫.
　　https://www.sedaily.com/NewsView/269OYJTARR (검색일: 2022.8.31).

AI · 메타버스 시대
광고PR 산업의
현재와 미래

김활빈

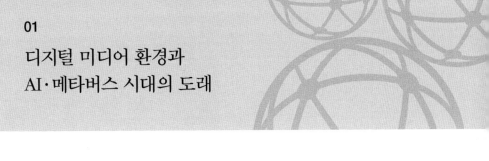

01
디지털 미디어 환경과
AI·메타버스 시대의 도래

1. 디지털 미디어 환경으로의 전환

2021년 미디어 분야에서 화제는 단연 넷플릭스의 〈오징어 게임〉이었다. OTT 플랫폼 넷플릭스를 통해서만 시청할 수 있는 오리지널 드라마인데, 여타 방송국의 드라마나 예능 프로그램을 화제성에서 압도했다. 한편 TV 예능 프로그램과 OTT 오리지널 예능 콘텐츠를 모두 포함해 '화제성'을 조사했는데, OTT 플랫폼 중 하나인 티빙의 〈환승연애 2〉가 가장 순위가 높았다(정민경, 2022.8.22). 화제성 조사는 표본 가구를 대상으로, 단말기를 통해 조사하는 전통적인 시청률 조사와는 다르다. 화제성은 점유율뿐만 아니라 방송을 시청한, 혹은 이용한 사람들이 얼마나 해당 프로그램이나 영상 콘텐츠에 관해 이야기를 하고, 2차 콘텐츠를 만들었는지 등을 반영한다. 따라서 공개된 영상에 달린 댓글이나 인터넷 커뮤니티 반응 등도 모두 참고한다. 이에 펀덱스(FUNdex)라는 새로운 지표가 개발되어 활용되는데, 가구 시청자 수, 2049 시청자 수, 화제성, 출연자 화제성, 클립 조회수, 언론 주목도와 같은 6가지 데이터를 종합해 콘텐츠를 평가한다(뉴시스, 2022.5.29). 이는 가구 시청률이 현재의 미디어 환경을 제대로 반영하지 못하고 있고, 따라서 TV 광고의 효과를 평가하는 데 무리가 있다는 비판을 받아들여 시도된 새로운 노력으로 볼 수 있다.

이렇듯 전통적인 신문, 잡지, 방송 미디어가 전성기를 이끌던 시대가 소셜미디어와 OTT 등과 같은 디지털 미디어 시대로 전환되고 있다는 것은 모두가 인정한다. 최근에는 많은 사람들이 종이신문과 잡지를 구독하거나 사서 읽지 않고, PC나 스마트폰과 같은 모바일 기기를 이용해 뉴스와 정보를 접한다. 방송도 마찬가지다. 온 가족이 거실에 있는 TV 앞에 모여 대화를 나누며 프로그램을 시청하는 모습도 찾아보기 어려워지고 있다. 1인 가구가 증가하면서, 개인 미디어(personal media)인 모바일 기기나 PC 등을 이용해 다양한 플랫폼에서 제공하는 프로그램과 영상 콘텐츠를 소비하고 있다. 한국미디어패널조사에 따르면 2021년 기준으로 전체 응답자 중 81.7%가 OTT 플랫폼을 이용하고 있다고 응답했고, 특히 MZ세대(밀레니얼-Z세대)의 이용률은 90%를 훨씬 웃돌았다(김윤화, 2022). 미디어 이용 환경, 사람들의 이용 행태나 패턴의 변화에 따라 기존의 미디어를 이용한 광고와 PR 프로그램 노출이 더 이상 적실성을 갖추지 못하는 실정이며, 이에 대해 새롭게 변화하고 대응할 필요가 있다.

레거시 미디어의 대표인 방송 미디어 이용이 획기적으로 변해가고 있고, 그 중심에 디지털 미디어 기술의 확산이 자리하고 있다. 방송통신위원회가 펴낸 「2021년 시청점유율 기초조사」에 따르면 91.8%의 응답자가 최근 1개월 동안 TV 방송 프로그램을 시청했다고 응답했으나 매일 시청한다고 응답한 사람은 55.7%로 크게 줄어들었다(〈그림 1-1〉 참고). 더욱이 연령별로 살펴보면 젊은 층의 이탈은 더 높게 나타난다. 10대(13~19세)는 24.5%, 30대는 22.2%, 30대는 43.3%가 매일 시청한다고 응답해 절반이 되지 않았다. 그렇다고 스마트폰을 통해 TV 방송 프로그램을 적극적으로 시청하는 것도 아니다. 대략 17.3%의 응답자가 스마트폰으로 TV 방송 프로그램

그림 1-1 TV수상기와 스마트폰을 이용한 TV방송프로그램 시청 현황

자료: 방송통신위원회, 「2021년 시청점유율 기초조사」.

을 시청한다고 응답했다. TV 방송 프로그램 이외의 동영상을 얼마나 시청하는지 묻는 질문에는 전체 79.7%가 시청한 경험이 있다고 응답했다. 10대부터 40대까지는 시청 경험이 있는 응답자가 90%가 넘었고, 50대는 82%, 60대는 64.4%, 70대 이상은 불과 25.7%만이 '시청 경험이 있다'고 응답했다. 따라서 50대 이상에서는 주로 TV를 통해 방송 프로그램을 시청하며, 40대 이하는 TV 방송 프로그램 이외의 다른 동영상을 시청하는 것으로 볼 수 있다. TV 외 동영상은 OTT 플랫폼이나 포털사이트, 웹페이지 등을 통해 주로 접하고 있었다. 또한 전 연령대에서 OTT 이용률이 고르게 상승하고 있는데, 60대에서도 49.4%가 OTT를 이용한다고 응답해 이용률이 과반을 육박했다. OTT 플랫폼을 통한 TV 방송 프로그램 중 시청 장르는 오락·연예가 18.9%로 가장 높았고, 드라마·영화가 15.8%로 뒤를 이었다.

OTT 플랫폼 가운데 웨이브에는 지상파 방송사들이, 티빙에는 CJ ENM이 JTBC와 연합하는 등 국내 방송사들이 직접 참여하고 있어 OTT를 통한 TV 방송 프로그램 시청은 앞으로 더 증가할 것이다.

전통적으로 뉴스 제공 기능을 담당해 온 신문은 인쇄 형태가 아닌 온라인 형태로 서비스 제공 방식이 바뀌고 있다. 이 역시 아날로그 방식에서 디지털 방식으로 기술이 변화한 것인데, 일반인들의 뉴스 이용 행태가 바뀌었기 때문이다. 한국언론진흥재단에서 실시한 '2021 언론수용자 조사' 중 매체별 뉴스 이용률 추이를 살펴보면 '지난 1주일 동안 ○○을 통해 뉴스·시사정보를 이용하셨습니까'라는 질문에 83.4%가 'TV 방송'이라고 답해 여전히 높은 수치를 기록했지만, 종이신문은 8.9%에 불과했다. 그 대신 인터넷 포털(모바일, PC)은 79.2%로 TV 방송과 매우 적은 차이를 보였고, 온라인 동영상 플랫폼은 2018년 6.7%에서 2021년 26.7%로 급증하는 경향을 나타냈다.

〈그림 1-2〉는 2020년과 2021년에 매일 뉴스를 이용하는 사람들의 매체별 현황을 보여준다. 텔레비전이 가장 높은 45.5%로 나타났지만, 모바일 포털이 41.5%, 모바일 인터넷이 37.1%로 나타나 모바일 플랫폼을 통한 뉴스 이용이 꾸준히 증가하고 있음을 알 수 있다. 미디어의 4대 기능 중 첫 번째인 환경 감시(surveillance) 기능으로서 뉴스와 보도 제공은 사람들이 자주 이용하는 매우 중요한 기능인데, 세상에 대한 뉴스와 정보를 주로 모바일 플랫폼을 통해 얻는 방식으로 이용 행태가 변하고 있음을 알 수 있다.

방송이나 신문 및 잡지에서 신차나 휴대전화 출시 광고를 접하기 점점 어려워지고 있다. 기업의 사회공헌 활동 역시 신문이나 방송에서 찾아보기 어려워졌다. 이에 반해 스마트폰을 통해 광고와 PR 활동을 접할 수 있는 기회는 늘어나고 있다. 사람들이 레거시 미디어 이용을 점차 줄이는 대

그림 1-2 매체별 뉴스 '매일' 이용자 비율

(단위: %, n = 5010)

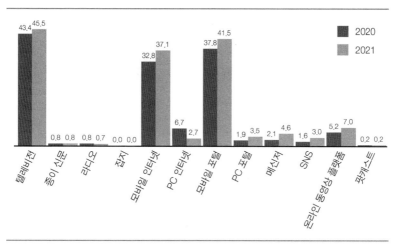

자료: 한국언론진흥재단, 「2021년 언론수용자 조사」.

신 디지털 미디어 이용을 늘렸기 때문이기도 하고, 기업이나 조직에서 기존의 미디어를 통한 광고 전달이나 PR 프로그램 집행 횟수를 줄였기 때문이기도 하다. 디지털 미디어 환경으로의 전환은 사람들의 미디어 이용 행태뿐 아니라 광고주이자 PR주인 기업과 조직의 광고PR 활동 모습을 완전히 새롭게 바꾸어놓고 있다.

2. AI·메타버스 시대와 디지털 미디어 환경

디지털 미디어 환경으로의 전환과 더불어 최근 주목받는 것이 인공지능과 메타버스라고 할 것이다. 2016년 다보스 포럼(WEP: 세계경제포럼)에서

그림 1-3 젠슨 황의 기조연설 중 메타버스 캐릭터 발표 부분과 제작 과정

자료: Nvida Youtube Channel.

클라우스 슈바프(Klaus Schwab) 포럼 회장은 4차 산업혁명을 언급하며, 그 속도와 파급효과가 이전의 산업혁명보다 더 빠르고 광범위하게 일어날 것으로 예측하면서 혁명적 변화를 강조했다(이다비·김민지·안재민, 2017.1.26). 그는 4차 산업혁명의 대표 기술로 인공지능을 언급하며 인공지능과 같은 첨단기술이 제조업의 효율화에 영향을 미쳐 일자리 감소 등에 따라 사람들의 생활 전반을 바꿀 것으로 전망했다.

대표적 빅테크 기업 엔비디아(NVIDIA)의 CEO 젠슨 황(Jensen Huang)은 GTC(GPU Technology Conference) 2021 온라인 기조연설(keynote speech)에서 "메타버스 시대가 오고 있다(The metaverse is coming)"라고 주장하며 메타버스를 강조했다(성윤택·송영아·황경호, 2021). 한 가지 흥미로운 점은 해당 기조연설의 일부를 엔비디아 기술로 제작한 메타버스 캐릭터가 발표한 것이다(〈그림 1-3〉참고). 또 다른 빅테크 기업 페이스북도 2021년 회사명을 '메타(Meta)'로 변경해, 소셜미디어를 넘어 더 포괄적인 메타버스로 영역을 확장하고 있다. 또한 메타버스의 핵심 기술이라고 할 수 있는 가상현실(virtual reality, 이하 VR), 증강현실(augmented reality, 이하 AR), 혼합현실(mixed reality, 이하 MR) 등이 인공지능 기술과의 융합을 통해 시너지를 내어 더 큰 기술 혁신을 이룰 것으로 기대하고 있다(성윤택·송영아·황경호, 2021). 이처럼 산업적

측면과 기술적 측면에서 혁명적 변화가 진행되는 가운데 미디어 기술 역시 인공지능, 메타버스 기술과 함께 변화 및 발전하고 있다.

먼저 인공지능(AI: artificial intelligence)이란 주변의 상황이나 환경에 대해 정보를 얻고, 이를 바탕으로 성공적인 의사결정이나 행위를 하기 위한 지적 시스템을 만들어가는 기술을 의미한다(김미경, 2019). 머신러닝 및 딥러닝 같은 기술을 통해 인공지능을 구현해 하는 데 정확하고 정교한 의사결정 결과를 얻기 위해서는 관련 분야에서 많은 양의 양질의 데이터를 얻을 수 있어야 한다. 따라서 소셜미디어와 같이 대량의 데이터가 생성되는 분야에는 인공지능 기술을 적용이 필수적이다. 소셜미디어는 보통 스마트폰 애플리케이션(이하 '앱')을 통해 이용하는데, 앱을 스마트폰과 같은 기기에 설치하고 이용하기 위해서는 보통 제3자 정보 제공에 동의해야 한다. 이렇게 동의가 이루어지면 개인의 소셜미디어 관련 정보(성별, 지리 정보, 이용 패턴, 이용 경로 등)가 데이터 처리를 전문으로 하는 기업으로 보내져 분석되고, 최종적으로 정교한 타기팅이 필요한 마케팅 등에 활용된다. 특히 모바일 기기 이용 시 GPS 신호는 기본 정보로서 앱과 연동되어 제공된다. 예를 들어 일본 등 외국으로 나갈 경우 공항에 도착하면 일본어 이메일로 광고를 받게 되는데, 이는 GPS 신호와 같은 정보 제공에 동의했기 때문이다. 대표적 디지털 미디어인 소셜미디어가 매일 생산해 내는 정보의 양은 빅데이터로 부를 만큼 방대하기 때문에, 일반적인 분석 방법으로는 정확한 이용자 조사가 어렵다. 따라서 빅데이터를 활용할 수 있는 인공지능 기술이 필수적으로 적용되며, 효과적으로 활용되고 있다.

메타버스 또한 디지털 미디어가 적극적으로 활용될 수 있는 필수적 개념이자 공간이다. 초월적 세계로서 가상공간의 의미로 자주 사용되는 메타버스는 디지털 미디어 기술을 통해 구현될 수 있다. 스마트폰과 같은 모바일 기기를 통한 미디어 이용은 눈에 보이고 손으로 조작할 수 있어 메타버스를 직관적으로 이해하는 데 도움을 준다. 하지만 메타버스는 모바일 기기가 초점이 아니라는 메타(이전 페이스북)의 CEO 마크 저커버그(Mark Zuckerberg)의 말을 기억할 필요가 있다. ≪뉴욕타임스≫ 기사에서 저커버그는 모바일 기기가 미래의 우리에게 더 이상 관심의 대상이 아니며, 여러 개의 디지털 공간을 오가며 멀리 떨어진 친구와 가족과 이야기할 수 있는 디지털 아바타를 이용해 우리는 하나의 세상이나 하나의 플랫폼에 고정되지 않을 것이라고 강조했다(김시소, 2021.10.29). 차세대 디지털 미디어로 구현되는 디지털 세상은 메타버스이며, 페이스북을 통해 이를 구현할 수 있는 공간을 구축하려는 것이다. 따라서 메타버스와 같은 가상의 공간은 디지털 미디어 기술의 발전과 성장 없이는 실현 불가능하다.

물론 차세대 기술인 인공지능과 메타버스가 디지털 미디어와 관련된 기업에서만 관심의 대상이 되는 것은 아니다. 국내의 삼성전자와 현대자동차 같은 제조업 기업도 메타버스를 접목한 기술을 개발하고 있으며, 네이버와 카카오 같은 포털 기업 역시 인공지능과 메타버스를 앞으로의 주력 사업 가운데 하나로 보고 있다(안종배, 2022.7.7). 특히 자동차 기업들은 자율주행 시스템에서, 포털 기업이나 통신 기업들은 챗봇이나 스마트 스피커(AI 스피커) 등 분야의 인공지능 기술에 투자를 늘리고 있다. 그리고 전통적인 게임 기업이나 콘텐츠 기업에서는 VR과 AR 기술에 투자해 더 실감 나는 메타버스를 구축하는 데 주력하고 있다.

인공지능과 메타버스와 같은 기술이 4차 산업혁명의 핵심 기술로 각광을 받고 있는 현 상황에서, 이를 일반인들이 일상생활에 이용하고 또한 기업이 광고PR과 같은 마케팅 및 커뮤니케이션 활동을 할 수 있는 것은 디지털 미디어 환경의 도래와 궤를 같이한다고 볼 수 있다. 결국 새롭게 변화한 디지털 미디어 환경에서 인공지능과 메타버스 기술이 실현 가능해지면서 기업과 다양한 조직들이 이를 광고 및 PR 프로그램에 적극적으로 활용할 수 있게 되었다. 따라서 시대 흐름을 좇아가지 못하는 기업과 조직은 새로운 성장 기회나 동력을 놓칠 수도 있을 것이다. 다가오는 AI·메타버스 시대를 위해 철저한 대비와 미래 전략이 필요한 시점이다.

참고

메타버스 세상을 위한 미래 전략

메타버스는 인터넷과 스마트폰에 이은 거대한 혁신으로, 세 번째 IT혁명이다. 메타버스는 지금까지 겪어본 적 없는 세계로 우리를 데려갈 것이다. 경제, 산업, 사회, 교육 등 우리를 둘러싼 환경과 삶이 새로운 방식으로 다시 쓰일 것이며, 사람끼리 소통뿐만 아니라 AI 기반 디지털 휴먼과의 소통도 중요해졌다.…… 메타버스가 바꾸는 미래 세상에 대응하기 위해 다음과 같은 미래 전략이 필요하다.

첫째, 메타버스로 미래에 우리는 현실 세상과 디지털 세상의 경계 없이 시공을 초월하면서 다양한 경험을 하게 될 것이다.……

둘째, 메타버스는 새로운 산업과 비즈니스의 장으로 디지털 가상융합경제를 활성화한다.……

셋째, 메타버스로 제조와 서비스가 혁신될 것이다.……

넷째, 메타버스에서 NFT 서비스와 거래가 더욱 활성화될 것이다.……

다섯째, 미래에는 메타버스가 현재의 인터넷처럼 언제 어디서나 모든 곳에 적용될 것이다.……

여섯째, 메타버스 글로벌 경쟁이 본격화해 감에 따라 메타버스를 구현하는 하드웨어와 소프트웨어, 그리고 메타버스를 활용한 비즈니스와 서비스 표준을 선점하려는 경쟁도 치열해질 것이다.……(안종배, 2022.7.7).

3. 디지털 미디어 시대의 소비와 MZ세대

미디어 환경이 변하면서 미디어를 이용하는 이용자들의 행태도 바뀌고 있다. 기술결정론적 관점에서 설명하듯이 새로운 디지털 미디어 기술이 도입되어 사람의 태도나 행동이 바뀌는 측면도 있지만, 사람들의 욕구에 따라, 그리고 제도적 변화가 선행된 이후에 미디어 기술이 따라오는 경우도 적지 않다. 현재 미디어 환경의 변화와 코로나19로 촉발된 언택트 시대에 따라 사람들의 미디어 이용에 많은 변화가 있는 것이 분명하다. 새로운 세대인 MZ세대의 미디어 이용은 그 전 세대와는 차이가 있다. 이와 같이 이용자 측면에서 변화와 특징을 살펴보는 것이 소비자로서 그리고 공중으로서 그들을 더 잘 이해할 수 있고, 궁극적으로는 업계와 전문 광고PR 대행사가 광고PR 전략을 세우는 데 도움이 될 것이다.

한국언론진흥재단(2020) 미디어연구센터의 조사에 따르면 언택트 시대가 지속되면서 더 많은 사람들이 TV와 포털사이트를 통해 정보를 얻으며, 이것이 도움이 된다고 생각한다. 또한 연구 결과는 스마트폰을 통한 OTT 서비스와 뉴스 이용이 증가했음을 보여준다. 언택트 문화는 코로나19 팬데믹이 시작되기 전에도 있었다. 인건비를 절약하기 위한 노력과 사람을 직접 대면하고 서비스하는 데서 오는 피로감이나 스트레스를 줄이기 위해 많은 상점과 음식점들이 현장에서는 키오스크(kiosk)를 통해, 온라인에서는 배달 앱을 통해 주문을 받기 시작했다. 그리고 배달 앱, 예약 앱, 중고 거래 앱 등이 꾸준히 성장하면서 다양한 광고와 마케팅으로 활용되고 있었다. 하지만 코로나19 팬데믹으로 전면적인 언택트 시대가 시작되었다. 유승철(2021)은 이렇게 팬데믹으로 시작된 언택트 시대를 언택트 2.0으로, 팬데믹 이전은 언택트 1.0으로 명명해 구분했다.

디지털 미디어 환경과 언택트 2.0 시대의 소비자 특징 가운데 하나는 중심 정체성 소비(core identity consumption)의 확산이다(유승철, 2021). 자본주의 경제체제에서 소비는 자연스러운 경제활동이고 사회체제를 유지해 주는 활동이다. 소비가 위축되면 경제 위기가 발생할 만큼 매우 중요한 경제활동이다. 소비자는 사회적 정체성이나 사회적 자아 표현을 위해 소비하기도 한다. 이동이 줄어들면서 집에 머무는 시간이 늘었고, 다른 사람들 직접 대면하는 시간이 줄어들면서 '나'라는 주체에 대한 중심가치를 더 소중하게 여기며 이를 적극적으로 표현하기 시작한 것이다. 디지털 메신저나 소셜미디어를 통해 자신을 표현하는 사람이 더 많아지면서 모바일 앱 이용도 증가했다. 단순히 이용의 증가가 아니라 소비자 개개인이 중심가치를 더 표현하는 사례가 증가하고 있어 광고PR 전략도 이에 맞출 필요가 있다. 즉 소비자 개인의 중심가치를 연구해 집중하는 개인화된 미세 마케팅(personalized micro marketing)에 주력해야 하며, 이를 위해 소셜미디어 데이터에 대한 맞춤형 분석을 실시해 전략에 활용해야 한다(유승철, 2021).

스마트폰과 같은 모바일 기기의 대중화는 소비자와 공중 측면에서도 많은 변화를 일으켰다. 소비자들은 지인에게 얻는 정보에 높은 신뢰도를 보이지만, 온라인(주로 소셜미디어)에서 확인할 수 있는 상품과 서비스에 대한 소비자의 평가도 소비행위나 의사결정의 근거가 된다. 온라인상에 있는 많은 정보를 시간과 장소에 구애받지 않고 내 손 안에서 찾아 참고할 수 있게 되면서, 소비자의 효용은 더 증가했다. 필요한 정보를 사람들이 적극적으로 찾아 확인하는 경우도 있지만, 기업이 이용자의 인터넷 혹은 앱 사용 데이터를 분석해 개인 맞춤형 광고나 상품 및 서비스 정보를 제공한다. 소비자들은 웹사이트나 앱에서 제공하는 정보를 확인하는 것이 더 편리하다고 생각하기도 한다.

표 1-1 한국의 각 세대와 성장기의 주요 사건

세대별 출생 시기	묻지 마라 세대	베이비붐 세대	X세대	밀레니얼 세대(Y세대)	Z세대
	1920~1954	1955~1969	1970~1983	1984~1996	1997~2010
성장기의 주요 사건	일제 징용/징병, 좌우 대립/한국전, 민주혁명/쿠데타, 베트남 파병/특수 경제개발 1세대	교육 확산, 급속한 경제성장, 산업화/도시화, 군부독재, 민주화 1세대	88 서울올림픽, 해외여행 자유화, 대통령 직선제, PC → 인터넷, 문화 개방 1세대	정권교체, IMF 경제위기, 인터넷 → 휴대폰, 2002 월드컵, 디지털 1세대	경제위기 상시화, 세월호 → 각자도생, 국제 분쟁, 한류/뉴트로, 공유 1세대

자료: 대학내일20대연구소(2019).

한편 광고PR 산업 분야를 비롯한 마케팅 업계에서는 밀레니얼-Z세대 혹은 MZ세대라고 부르는 새로운 세대에 대한 관심이 증가하고 있다. 이들이 제품과 서비스의 소비뿐 아니라 사회적 이슈에 대한 의사표현에서도 핵심 역할을 수행하기 때문이다.

한국의 세대를 살펴보면 〈표 1-1〉과 같이 5가지 정도로 나눌 수 있다(대학내일20대연구소, 2019). MZ세대는 1984년부터 1996년 사이에 태어난 밀레니얼 세대와 1997년과 2010년 사이에 태어난 Z세대를 함께 부르는 용어이다. 2022년을 기준으로 10대부터 30대 후반에 이르는 세대로, 사회적 트렌드를 이끌며 소비의 핵심 계층이 되었다. 또한 디지털 문화를 본격적으로 경험하기 시작한 세대로 스마트폰을 통한 온라인 접속과 활용이 자연스러우며, 소셜미디어를 적극 활용해 소유보다는 공유가 익숙한 세대이다.

앞으로 디지털 미디어 시대, AI·메타버스 시대를 이끌어갈 세대는 MZ 세대라고 할 수 있다(성윤택·송영아·황경호, 2021). 태어나고 성장하면서 디지털 미디어를 사용했고, 인공지능과 데이터, 메타버스 기술에도 익숙하기 때문이다. 예를 들어 아이폰의 인공지능 개인 비서 응용 프로그램인 시리(Siri)를 능숙하게 사용할 수 있고, 스마트 스피커(AI 스피커)의 사용에도 익

숙하다. 또한 게임 속에서 그리고 VR 속 아바타를 통해 자신을 표현하는 데도 큰 어려움이 없는 세대이다. 알바천국에서 MZ세대 1223명을 대상으로 한 설문조사에 따르면 69.3%의 응답자가 메타버스에서 일상을 보낸다고 답했으며, 주로 게임 등 여가 활동(69.7%), 아바타 및 가상공간 꾸미기 (52.2%), 가상공간 속 다른 아바타들과 소통(44.7%), 친구 및 지인들과 친목 모임(43.8%) 등을 하는 것으로 나타났다(이축복, 2022. 4. 27.). 인공지능과 메타버스는 MZ세대를 중심으로 빠르게 성장하고 있다(성윤택·송영아·황경호, 2021).

대학내일20대연구소(2019)는 MZ세대의 미디어 트렌드를 4가지 코드로 설명했는데, 이를 통해 MZ세대의 디지털 미디어 이용에 대해 이해하고자 한다. 첫 번째 코드는 '체헐리즘'이라고 명명한 체험으로, 팩트 체크를 한다는 점이다. 체헐리즘은 체험과 저널리즘의 합성어로 휠체어 사용이 얼마나 불편한지는 휠체어를 사용하지 않으면 알 수 없기 때문에 직접 체험해 본 다음 작성한 특정 기사에서 유래했다. 보도자료나 다른 언론 보도를 그대로 옮겨 적는 기사가 아닌 기자가 상황을 직접 체험한 다음 기사를 작성하는 보도 형태로 팩트 체크와도 맥을 같이한다고 할 것이다. 자신이 겪고 있는 현실이나 상황과 동떨어진 내용을 기사로 접했을 때 MZ세대는 강력히 반발하며, 기자를 비롯한 정보 생산자 및 전달자가 직접 경험을 바탕으로 쓴 기사와 콘텐츠에 반응하는 세대이다. 단순히 콘텐츠를 보여주는 것만으로는 반응하지 않는다. 본인이 직접 경험하게 도움을 주든지 아니면 정보 전달자가 생생한 경험을 통해 정보를 제공해야 MZ세대는 반응하고 소비한다. MZ세대의 반응을 이끌어낼 수 있는 정보나 기사 그리고 광고나 PR 프로그램 등의 경험과 관련해서는, 특히 메타버스 기술의 활용을 고려해 볼 필요가 있다.

두 번째 코드는 '듣는 디지털'로, 정보도 힐링도 영상을 들으면서 이용한다는 것이다. 이는 자율감각 쾌락반응(autonomous sensory meridian response, 이하 ASMR)에 MZ세대가 반응한다는 것을 보여준다. ASMR을 메인으로 내세운 유튜버도 많고, 광고에도 활용된다. 단순히 기분 좋은 소리만을 들려주는 것이 아니라 듣는 사람이 소리가 나는 공간에 있는 듯한 생각이나 느낌이 들게 하는 ASMR도 인기를 끄는데 이를 공간상상 ASMR이라고 부른다. 파도 소리와 기러기 소리, 긴간히 이어지는 사람 목소리는 휴가철 바닷가를 연상시킬 수 있다. 비록 바다로 휴가를 떠나지 못해도 스마트폰 하나만 있으면 충분히 휴가 온 기분을 느끼며 힐링할 수 있게 된 것이다. 특히 오디오 콘텐츠는 다른 일을 하면서도 함께 즐길 수 있다는 점에서 멀티태스킹 시대에 큰 어려움 없이 이용이 가능하다.

세 번째 코드는 '배우는 유튜브'로 자기 계발부터 취미 생활까지 쉽고 얕은 지식을 디지털 미디어를 통해 얻고자 한다. 웹사이트를 통해 기타 연주와 같은 취미 생활을 하며, 인문학 관련 강좌를 수강할 수도 있다. MBC강원영동의 '하우투' 사례를 살펴보면, 아무도 보지 않을 것 같은 지역방송사의 유튜브 채널이 어떻게 성공했는지 알 수 있다. '하루를 우리에게 투자한다면'의 줄임말인 하우투는 교육 콘텐츠를 중심으로 인문학부터 취업을 위한 면접 정보 등을 제공하고, 강연 영상에 더해 카드 뉴스를 함께 제공한다. 그리고 프로그램 제작은 방송사에서 하지만, 콘텐츠 광고 마케팅은 지역의 청년 스타트업에 맡겨 젊은 감성을 유지했다. 하우투를 비롯한 정보 제공 콘텐츠가 성공하기 위해서는 해당 정보가 가치가 있다고 여길 수 있도록 콘텐츠 품질을 유지하는 것이 중요하다. 여기에 부담 없이 편리하게 정보를 얻을 수 있어야 한다. 스마트폰을 통해 소셜미디어 플랫폼에 있는 다양한 지식과 정보 콘텐츠가 MZ세대의 관심을 꾸준히 끌고 있으며, 이를 이용한 다양한 광고PR 전략이 활용되고 있다.

네 번째 코드는 '뉴비 사절'로, 콘텐츠를 중심으로 적극적인 팬덤을 형성한다는 점이다. MZ세대들은 다양한 사람들과 소셜미디어를 통해 소통하기도 하지만, 취향이 비슷한 사람들끼리 모여 소통하는 경우도 많다. 유명 유튜버나 크리에이터에 대한 팬덤이 생겨나고, 이들과 소통하는 것도 중요한 트렌드이다. 그리고 소셜미디어에서는 도달이나 조회수 같은 상호작용을 측정하는 인게이지먼트(engagement)가 여전히 중요하지만, MZ세대에게는 콘텐츠를 함께 만들어가는 적극적인 인게이저(engager)로서의 역할이 더 중요해지고 있다. 디지털 미디어 환경에서는 적극적 상호작용이 가능해지면서 시청자나 이용자 스스로가 유명한 콘텐츠 채널을 함께 만들어갈 수 있다는 효능감을 줄 수 있고, 이것이 디지털 미디어의 본질적 속성에 해당한다고 할 것이다.

이상과 같은 MZ세대의 디지털 미디어 이용 트렌드에 대한 분석은 인공지능과 메타버스 기술을 활용해 광고PR 전략을 세우는 데 분명한 함의를 시사할 것이다. 직접적이고 일방적인 광고나 PR 프로그램이 아닌 디지털 미디어를 즐기는 과정에서 체험 마케팅 등의 방법으로 MZ세대를 비롯한 디지털 이용자들의 관심을 끌거나 힐링에 초점을 맞춰 접근할 수도 있다. 그 밖에도 부담 없이 손쉽게 정보를 얻고 콘텐츠 제작에 참여시켜 기여할 수 있는 기회를 제공함으로써 브랜드에 대한 관여도와 호감을 높일 수 있을 것이다.

02
새로운 파도 속으로 뛰어든 광고PR 산업

1. 새로운 광고PR의 등장과 확산

디지털 미디어 환경으로의 전환과 4차 산업혁명이 진행되면서 광고와 PR도 함께 변화하고 있다. 특히 인공지능이나 메타버스 기술 등 새로운 기술의 등장은 광고PR 분야를 바꾸고 있다. 기술이 기존의 광고PR에 접목되어 변화를 이끌거나, 기술로 인해 완전히 새로운 형태의 광고PR 유형을 만들기도 한다(강신규·이해수, 2021). 디지털 미디어 환경 속에서 새로운 기술의 도입이 광고와 PR의 경계를 불분명하게 만들기도 한다. 특히 기존의 광고에 대한 정의로는 더 이상 새로운 유형의 광고를 설명하기 어려워지면서, 광고를 새롭게 정의하려는 시도가 이어지고 있다(김현정, 2019).

예를 들어 김병희(2021)는 디지털 미디어 시대에 맞는 광고 개념이 필요하다고 지적하면서 "광고란 광고 주체가 미디어(플랫폼)를 통해 제품이나 브랜드 콘텐츠 메시지를 소비자에게 전달하거나 상호작용함으로써 소비자 행동에 영향을 미치기 위한 전략적 마케팅 커뮤니케이션 활동이며, 필요에 따라 홍보(PR) 활동과 함께 실행된다"라고 정의했다. 미디어는 다양한 플랫폼을 포함할 수 있으며, 제품(서비스)만이 아니라 브랜디드 콘텐츠 (branded content) 메시지까지 포함시켰고, 소비자와의 상호작용도 추가했다. 또한 광고와 PR의 영역이 엄격히 구분되지 않을 수 있으며, 동반 관계성(companion relationship)을 반드시 고려할 것을 요구했다. 이는 디지털 미디어 환경 시대에 적합한 정의이다. 이 책은 김병희의 정의를 바탕으로 서술했다.

디지털 미디어 기술은 광고PR을 변화시키고 있는데, 많은 학자들은 특히 광고의 변화에 주목한다. 오늘날의 광고는 개인 미디어 기기인 스마트폰을 활용한 소셜미디어 등을 매개로 소비자와 자유롭게 소통한다(김현정, 2019). 따라서 광고PR은 역동적으로 변화하는 현재진행형으로 이해되어야 하며, 소비자나 공중이 미디어를 이용하는 행태와 모습을 함께 고려해야 한다. 이제부터 디지털 미디어 시대에 새롭게 등장한 광고PR 유형인 인공지능과 메타버스 광고PR에 대해 살펴보겠다.

1) 빅데이터를 활용한 인공지능 광고PR

인공지능을 이용한 광고PR은 사람이 직접 광고PR을 기획·제작·유통하는 것이 아니라 인공지능을 광고PR의 모든 과정에 체계적으로 적용 및 활용하는 것이다. 적합한 광고PR 타깃이나 소비자, 공중을 인공지능이 찾아내는 것에서 시작해 광고PR 제작 과정, 제작물의 노출 방법이나 소비자의 구매, 공중의 인지에까지 인공지능이 이용된다(김현정, 2019). 그리고 이 모든 과정에서 인공지능이 빅데이터 분석을 통해 얻은 결과물이 기본적으로 제시된다. 물론 광고PR 제작 과정에서 인공지능을 일부에만 활용하는 경우도 있다.

광고(AD)와 기술(tech)의 합성어인 애드테크(AD-Tech)는 디지털, 모바일, 빅데이터 기술을 적용한 광고 기법이다(김현진, 2021). 현재는 애드테크

표 1-2 애드테크 1.0과 애드테크 2.0

	애드테크 1.0	애드테크 2.0
구조	광고주-광고대행사-미디어랩사-매체	광고주-애드익스체인지 (Ad Exchange)-매체
주도자	지면을 보유한 매체	실시간 광고 구매자
제공 데이터 종류	인구통계학적 분류방법 세대, 성별로 광고 시청 집단의 평균값	고객의 행동 정보(고객에 대한 자세한 정보, 맞춤형 메시지 전달 용이) 지오펜싱(Geo-Fencing)
고객데이터 수집 방식	단기직 이용 고객 조사	장기적 자체 플랫폼
가격 결정 방식	매체가 광고 단가 책정	실시간 입찰 (Real Time Bidding)
광고 형태	주로 디스플레이 배너	동영상 광고 등 다양
운영 방식	사람	인공지능(AI)

자료: 김현진(2021).

1.0 시대를 넘어 애드테크 2.0 시대로 진입하고 있으며, 그 핵심 운영 방식은 인공지능 기술의 도입이다(〈표 1-2〉 참고). 자체 플랫폼을 통해 고객의 데이터를 장기간 모으는 만큼 빅데이터 수집이 용이하며, 인공지능 기술을 활용해 데이터를 분석하고 광고의 전 과정에 반영한다.

예를 들어 네이티브 광고(native Ad)도 빅데이터를 활용한 광고 가운데 하나로, 디지털 미디어 환경에서 소비자의 관심을 끄는 브랜드를 스토리텔링을 하는 형식의 리타기팅(retargeting) 광고를 의미한다(김현진, 2021). 네이티브 광고는 보통 광고처럼 보이기는 하지만 광고 형태가 아닌 모습으로 제시되는데, 웹페이지 중간에 뉴스 형태나 정보를 전달하는 포스팅과 같은 모습으로 표현된다. 이는 기존의 레거시 미디어에서는 구현하기 어려운 방식으로, 빅데이터를 인공지능 기술로 실시간 분석해 이용자나 소비자의 미디어에 노출시킨다.

표 1-3 인공지능과 데이터를 이용한 분석 도구

도구	내용
웹로그 분석	웹 사용자의 데이터를 수집, 측정, 분석하는 솔루션으로써 웹페이지에서 클릭, 스크롤 등 사용자 움직임을 히트맵으로 시각화하는 서비스 제공(Google Analytics, Crazy Egg).
사용자 반응 분석	웹사이트를 방문하는 사람들을 임의의 두 집단 이상으로 나눈 뒤 서로 다른 페이지를 보여주어 효과를 측정(A/B 테스팅)하거나 온라인 서베이 수행 (Optimizely, Qualaroo).
이메일 마케팅	사용자에 대해 수집한 데이터 프로파일에 따라, 이메일 마케팅 집중군을 분류, 혹은 시간대 설정을 통해 이메일 전송 관리를 용이하게 해줌(List Builder, Vero).
검색어 분석	급상승 키워드, 연관 검색어 추출, 사이트 유입 경로 등을 분석, 제공해 광고 효과 제고를 추구하는 컨설팅 서비스(RisingCat).

자료: 이준배(2020).

온라인에서의 맞춤형 광고에도 인공지능 기술이 활용된다(이준배, 2020). 구글과 같은 검색엔진에서는 특정 검색어 항목에 노출되는 검색엔진 추천 광고 공간을 경매로 판매해 수익을 올린다. 인공지능 기술을 이용해 세분화된 소비자 행동을 정교하게 추적 및 분석함으로써 큰 성과를 올리고 있다. 또한 인공지능과 데이터를 이용한 분석 도구가 개발되면서 수많은 광고PR과 마케팅에 활용되고 있다. 분석 도구로는 웹로그 분석, 사용자 반응 분석, 이메일 마케팅, 검색어 분석 등이 있다(〈표 1-3〉 참고). 이를 통해 소비자 행동을 맞춤형으로 분석할 수 있으므로, 일반 기업뿐만 아니라 수많은 스타트업 기업이 활용하고 있다.

빅데이터를 활용한 인공지능 기술을 적용하면 궁극적으로 정교한 타기팅이 가능하고, 이를 통해 광고PR의 효과성과 효율성이 향상될 수 있다. 향후 광고PR 산업에서 그 효율성을 높이기 위해서는 인공지능을 적용한 광고PR의 유형과 종류를 파악해야 하며, 해당 광고PR의 특성과 장점을 실

현 가능하게 구체화하면서 효과성을 높일 수 있도록 다양한 방법을 체계화해야 할 것이다(김현정, 2019).

2) 메타버스 기술을 활용한 광고PR

디지털 미디어 기술의 발달과 팬데믹 상황이 지속되면서 메타버스가 미디어의 주요 플랫폼으로 성장하고 있다(강신규·이해수, 2021). 메타버스는 게임 분야에서 주로 활용되었지만, 현재는 콘텐츠 산업, 광고PR, 관광, 패션, 교육, 금융 등 다양한 산업 분야로 확산되고 있다. 예를 들어 브랜드와의 컬래버레이션을 하는 메타버스 마케팅이 적극 활용되고 있는데, 현대자동차는 메타버스 플랫폼인 제페토를 통해 '쏘나타 N 라인'을 시승할 수 있도록 했고, 명품 브랜드 구찌도 제페토에서 가방을 구매해 아바타가 착용할 수 있게 했다.

가상의 디지털 공간과 가상 인플루언서를 활용한 광고PR도 등장하고 있다. 대표적으로 신한라이프의 광고모델 '로지(Rozy)'는 22세의 나이에 키가 171cm인 여성으로, 다양한 광고와 뮤직비디오에 출연했다. 광고뿐만 아니라 홈쇼핑의 쇼호스트로서 가상 인플루언서가 활용되기도 한다. 예를 들어 롯데홈쇼핑의 가상 인플루언서 루시는 홈쇼핑 쇼호스트뿐만 아니라 쌍용 토레스 발표회에서 자동차 마케터로 등장해 화제를 모으기도 했다(신채연, 2022.7.6). 신차 발표회는 온·오프라인에서 동시에 진행되었는데, 메타버스 공간에서 루시가 발표자로 등장했다(〈그림 1-4〉 참고). 메타버스에서 활동하는 가상 인플루언서가 인간과 더 가까워지도록 특수효과와 인공지능 기술이 활용되고 있다. 이는 인공지능과 메타버스 기술이 접목되어 시너지 효과를 발휘할 수 있는 분야로, 향후 광고PR 분야에서 더 많이 활

그림 1-4 가상 인플루언서 로지와 루시

자료: 신한라이프 유튜브 광고(왼쪽)와 토레스 유튜브 신차 발표회(오른쪽).

용될 것으로 전망된다.

VR이나 AR을 활용하는 메타버스는 광고 노출이나 제품의 구매 등에만 단순히 활용되는 것이 아니라 음주운전 예방이나 운전 중 휴대전화 사용 금지와 같은 공익 캠페인에도 활용되고 있다(김현정, 2019; 김활빈, 2020). 예를 들어 미국의 통신회사 AT&T는 운전 중 휴대전화 사용에 따른 사고를 줄이기 위해 'It Can Wait'라는 공익 캠페인을 전개했다. HMD(head mounted display)를 착용하고 해당 캠페인 동영상을 시청하면 360도 시야각과 음향을 통해 실제로 운전하는 느낌이 들도록 하는데, 해당 영상의 주인공은 휴대전화로 메시지를 작성하면서 한눈을 팔고 운전하다가 마침내 사고를 낸다. 부주의한 운전에 따른 교통사고를 간접적이지만 매우 실감나게 체험할 수 있다. 메타버스 공간에서 체험을 통한 캠페인은 쌍방향 커뮤니케이션이 가능해 그 효과가 높을 것으로 기대되므로, PR 캠페인에도 적극 활용할 수 있을 것이다.

한편 브랜드 컬래버레이션이나 가상 인플루언서 이외에도 다양한 메타버스 광고 유형이 등장해 꾸준히 확산되고 있다. 강신규와 이해수(2021)는 디지털 미디어 시대에 등장하는 새로운 유형을 메타버스와 인플루언서 분야로 나누어 〈표 1-4〉와 같이 정리했다.

표 1-4 메타버스 신유형 광고의 특징

구분	광고 유형	특징
메타버스	브랜드 컬래버레이션	실제 상품을 동일하게 재현한 아이템을 가상세계 아바타가 착용할 수 있도록 판매 및 제공
	디스플레이 광고	가상 건축·구조물 등에 브랜드/상품을 노출하는 등, 가상 환경과 조화로운 형태의 광고 공간을 운영 향후에는 상호작용과 즉시 구매까지 가능하도록 구축
	마켓 플레이스	가상세계에서 마켓 플레이스를 운영 판촉-체험-구매가 원스톱으로 이루어지는 새로운 유통 채널
	브랜드 채널	가상세계에 구축된 브랜드 전용 스토어 단순전시를 넘어, 브랜드 홍보를 위한 다양한 콘텐츠 제공
	가상 이벤트	가상세계에서 공연, 미팅, 채용 설명회, 입학식 등 다양한 이벤트를 개최
	증강 현실 활용	모바일기기로 실물 스캔 시 브랜디드 콘텐츠 재생
	이용자 트래커 활용	이용자 행동 데이터를 추출, 광고·마케팅에 활용
인플루언서	가상 인플루언서	3D 그래픽을 통해 생성된 가상의 디지털 인물로, 온라인 활동에 기반해 이용자에게 영향력을 행사 독립 인플루언서와 브랜드 전속 인플루언서로 구분

자료: 강신규·이해수(2021)에서 발췌·정리함.

2. AI·메타버스 시대, 디지털 미디어 환경에서의 광고PR 산업의 변화

디지털 미디어 환경으로 전환되는 과정에 다양한 기술이 도입되면서 광고PR 산업을 크게 변화시켰다. 이른바 4대 매체인 신문, 잡지, 라디오, TV 방송이 광고PR 시장의 핵심적 자리에서 물러나면서 디지털 미디어가 새롭게 그 자리를 차지했다. 인공지능과 메타버스는 4차 산업혁명을 추동하는 대표적인 핵심 기술로 자리 잡아 디지털 미디어 시대로의 이행에 중요한 역할을 하고 있다.

이제부터는 인공지능과 메타버스로 대표되는 새로운 기술 산업의 현황과 디지털 미디어 시대의 광고PR 산업의 현황을 살펴보고, 광고PR 산업의 변화 양상과 주요 이슈가 무엇인지 논의한다.

1) AI · 메타버스 산업 현황

4차 산업혁명과 코로나19로 촉발된 팬데믹 상황은 가상융합기술을 활용한 산업의 발전에 기여하고 있다. 사회 전 분야에서 비대면 활동이 대세로 자리 잡아가면서 디지털 공간에 대한 수요가 크게 증가했고, 가상융합기술이 발전하면서 메타버스에 대한 관심이 높아졌다. 또한 디지털 기술이 양산한 다양한 데이터는 이전과는 비교가 안 될 정도로 방대한 양이어서 이른바 빅데이터를 모르고는 제대로 된 경제활동을 하기 어려워졌다. 계속 쌓여가는 빅데이터를 적시에 분석해 해결책을 내놓아야 하는 기업에 인공지능 기술은 그 해결책이 될 수 있을 것이다. 따라서 디지털 미디어 사회로의 전환은 결국 가상공간에 대한 수요를 증가시키고 빅데이터를 양산해 AI · 메타버스 시대로 본격 진입하게 해주었다고 보아도 될 것이다.

인공지능은 4차 산업혁명의 핵심 기술로 주목받고 있고, 기존의 산업에서 자동화나 지능화를 통해 시너지를 창출하고 있다. 인공지능 산업의 가치사슬은 데이터를 수집하고 처리하는 것에서부터 인공지능의 개발과 적용으로 구성되며 광고, 콘텐츠, 금융, 헬스케어, 모빌리티 산업 등에 주로 적용된다(이현진·이미혜, 2021). 예를 들어 넷플릭스나 유튜브에서 콘텐츠를 추천하거나 아마존이나 네이버 쇼핑 등에서 상품을 추천하는 데 인공지능 기술이 활용되고 있다. 최근에는 자동차의 자율주행 시스템에서 인공지능 기술이 핵심 기술로 자리 잡아, 자동차 산업 자체를 뒤바꾸고 있다.

그림 1-5 국내 인공지능 시장 전망

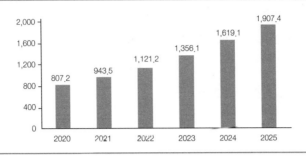

자료: 한국IDC, https://www.idc.com/getdoc.jsp?containerId=prAP48976622(검색일: 2022.8.31).

인공지능 산업에 대한 시장 규모는 정확히 파악하기 어렵지만, 많은 조사 기관에서 예측지를 내놓고 있다. 그런데 인공지능 기술과 시장에 대한 정의, 응용 분야의 변화로 인해 기관마다 다른 기준과 전망치를 제시하고 있다. 예를 들어 IT 시장 분석과 컨설팅 기관인 한국IDC(International Data Corporation Korea Ltd., 2022.3.22)는 「국내 인공지능(AI) 시장 전망, 2021~2025」라는 연구 보고서를 통해 2020년부터 2025년까지 지속적으로 성장할 것으로 예측했다(〈그림 1-5〉). 인공지능 시장이 2020년에는 8072억 원에서 2025년에는 1조 9074억 원에 이를 것으로 전망한 것이다. 보고서에 따르면 이러한 성장세는 많은 기업들이 비교적 낮은 가격으로 높은 효율성을 보장하는 인공지능 기술을 다양한 분야에 활발히 활용할 것으로 예상되기 때문이다.

한편 한국수출입은행의 해외경제연구소에서는 다양한 조사 기관의 자료를 정리해 인공지능 산업에 대한 현황을 보고했는데, 그 내용은 다음과 같다(이현진·이미혜, 2021). 대략적으로 글로벌 시장에서 인공지능 산업의 경제 규모는 2020년 2813억 달러로 추정되며, 2023년에는 4598억 달러

표 1-5 인공지능 관련 분야의 국가별 기술 격차 전망

(단위: 년)

분야		미국	중국	유럽	한국	일본
기능 확장·강화	시각지능, 청각지능 등 현재 실제로 응용되는 인공지능의 강화와 기능 확장	0	0.64	1.09	1.33	1.54
지속학습과 데이터 문제	인공지능의 학습을 위한 데이터 구축·정제와 지속학습 관련 기술	0	1.11	1.05	1.59	1.50
인간-AI 상호 협업	인간-컴퓨터 협업 관련 기술(맥락·감정 이해와 표현 등) 및 로보틱스 기술	0	1.14	0.99	1.65	1.39
강인공지능 및 윤리	단편적인 지능이 아닌 인류와 유사·초월하는 인공지능 기술 및 인공지능 윤리	0	1.34	1.05	1.85	1.72

자료: 이현진·이미혜(2021).

규모까지 급성장할 것으로 전망된다. 반면 국내 인공지능 시장의 규모는 2021년에 전년 대비 24.1% 성장해 매출 규모가 9435억 원이었고, 2022년에는 1조 원을 넘겨 2025년에는 1조 9074억 원 규모에 이를 것으로 전망된다. 국내에서는 교육, 학습용 데이터 생성, 로봇 자동화의 시장규모가 큰 편이다. 또한 글로벌 시장에 대비해 챗봇, 헬스케어, 로봇 자동화 분야가 급성장하고 있다. 국내의 많은 기업이 인공지능 기술에 투자하여 미래 전략을 세우고 있다. 특히 스타트업과의 M&A와 자체 기술력을 확보하기 위해 노력하고 있는데, 예를 들어 네이버는 자연어 처리 분야 기업인 '컴퍼니AI'를 인수해 네이버 '클로바' 엔진을 강화하고 있다. 한편 〈표 1-5〉는 인공지능 관련 분야의 국가별 기술 격차 전망을 보여주는데, 국내 기업의 인공지능 기술에 대한 경쟁력은 전반적으로 일본과 비슷한 편이며, 중국이 기능 측면에서 강세를 보이고 있다.

메타버스는 인터넷의 등장과 소셜미디어 시대를 잇는 거대한 흐름으로서 시장 전망은 조사 기관마다 차이가 있지만, 전반적으로 급성장할 것으로 전망된다(임현승·정성훈, 2021). 예를 들어 세계적인 컨설팅 회사 매킨지

그림 1-6 글로벌 메타버스 시장규모

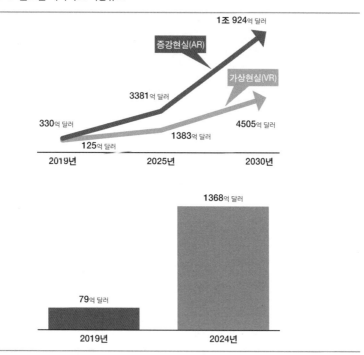

자료: 정보통신기획평가원(2022).

는 2030년 글로벌 메타버스 시장의 가치를 약 5조 달러(2022년 11월 현재 한화 약 7048조 원)로 전망했다(한국산업기술진흥원, 2022). 메타버스의 핵심 기술인 VR 및 AR 분야나 NFT(non-fungible token) 시장의 지속적 성장이 예상된다.

메타버스 산업 동향과 관련해서는 정보통신기획평가원(2022)에서 발표한 메타버스 동향 자료를 참고해 설명하고자 한다. 2019년 기준으로 글로벌 메타버스 시장 규모는 455억 달러로 2030년에는 약 15배 성장한 1조 5429억 달러로 전망된다(〈그림 1-6〉). 콘텐츠에 기반을 둔 시장 형성이 주가 될 것으로 예상되지만, 향후 디지털 미디어 기술과 확장현실 기술 등과 접목한 산업이 크게 증가할 것으로 전망된다.

표 1-6 글로벌 VR, AR 기기 출하량 전망 (단위: 만 대)

구분	2020	2021	2022	2023	2024	2025
VR	555	837	1,363	1,834	2,314	2,867
AR	29	58	288	847	1,540	2,098
합계	584	895	1,651	2,681	3,854	4,965

자료: 정보통신기획평가원(2022).

메타버스의 핵심인 VR과 AR을 이용할 수 있는 기기 출하량을 살펴보면, 2020년 584만 대에서 2025년에는 약 5000만 대에 이를 것으로 전망된다(〈표 1-6〉). 현재 VR 기기의 기술 발전과 신속한 공급으로 VR이 AR이나 MR보다 먼저 B2C(business to consumer) 시장을 성장시킬 것으로 예상된다. 다만 AR은 VR보다 상대적으로 범용성이 높을 것으로 기대되므로, 메타버스는 AR 기술을 중심으로 확장성과 성장성을 높일 것으로 분석된다.

일반인들이 메타버스 플랫폼을 이용하기 위해서는 VR, AR 기기의 보급이 필요한데, 불편함을 느끼지 않을 정도로 가볍고 이용하기 수월하게 만들어야 한다. 따라서 단순히 기기 출하량 예측만을 중시해서는 안 된다. 더 개선된 기기의 개발과 보급이 메타버스 기술의 상용화에 매우 중요한 열쇠가 될 것이다. 메타버스 광고를 많은 사람들에게 노출시키기 위해서라도, 메타버스 업계에서는 네트워크 통신망의 개선과 함께 사용하기 편리한 기기를 보급할 수 있도록 정부의 정책적 지원을 이끌어내야 한다.

한편 메타버스와 관련한 정부의 정책적 지원을 소개하면 다음과 같다. 2020년 12월, 과학기술정보통신부를 비롯한 관계 부처 합동으로 '가상융합경제 발전 전략(Beyond Reality, Extend Korea)'을 발표했다(정책브리핑, 2020.12.10). 기존의 콘텐츠 산업 육성 정책에 경제·산업 전 영역의 가상융합기술(이하 XR) 수요를 반영하는 XR 기반의 전략으로, XR을 활용해 경제

활동 공간이 현실에서 가상융합 공간으로 확장되어 새로운 경험과 경제적 가치를 창출하는 가상융합경제를 추진하기로 했다. 추진 전략은 ① 경제 사회 전반의 XR 활용을 확산시키고, ② 선도형 XR 인프라 확충과 제도를 정비하며, ③ XR 기업의 세계적 경쟁력 확보를 지원한다는 내용이다. 가상 융합경제 활성화를 통해 한국판 뉴딜(디지털 뉴딜, 그린 뉴딜, 지역 뉴딜, 안전망 강화)을 성공적으로 이행하고자 하는 것으로 경제적 파급 효과는 약 30조 원에 이를 것으로 전망된다. 따라서 향후 메타버스 관련 산업은 정부의 관심과 지원 속에 꾸준히 성장할 것으로 기대한다.

2) 광고PR 산업 현황

디지털 미디어 시대로 매체 환경이 급변하면서 광고 시장도 많은 변화를 겪고 있다. 신문 및 방송 같은 레거시 미디어보다는 유튜브, 모바일 앱, 포털사이트, 검색, SNS 등과 같은 디지털 미디어에 점점 더 많은 광고비가 집행되고 있다. 한국방송광고진흥공사(2021)에서 작성한 보고서 「2021 방송통신광고비 조사」에 따르면, 2020년 기준으로 온라인 광고비는 7조 5284억 원으로, 전체 광고 시장에서 그 비중이 53.3%에 이르러 과반을 넘어섰다(〈그림 1-7〉). 전통적인 4대 매체에 속한 방송 광고비는 24.7%(3조 4841억 원), 인쇄광고비는 13.6%(1조 9201억 원)에 불과했다. 그 밖에 옥외 광고비는 8358억 원(5.9%), 기타 광고비는 3520억 원(2.5%)으로 집계되었다.

총광고비는 계속 증가하다가 2020년 코로나19 팬데믹 위기를 맞으면서 처음으로 감소했다(〈표 1-7〉). 2019년 대비 총광고비가 약 2.1% 감소했는데, 방송 -7.6%, 인쇄 -19.1%, 옥외 -33.5%, 기타 -30.2%를 기록했다. 다만 온라인 분야는 2020년에도 2019년 대비 15.4%가 증가했다. 전반적인

그림 1-7 2020년 광고 시장 현황

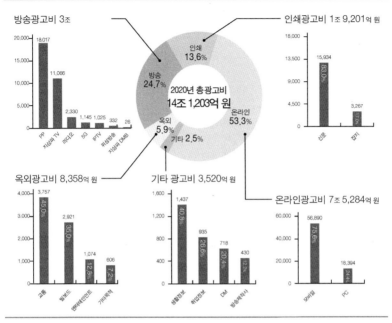

자료: 한국방송광고진흥공사(2021).

추세를 보면 방송, 인쇄, 옥외, 기타 분야의 광고비는 증감 추세를 보였지만, 온라인 광고비는 감소 없이 꾸준히 증가했다. 하지만 세부적으로 보면 모바일 광고비가 급성장을 보인 반면, PC 광고비는 감소한 것으로 나타났다. 즉 전체 광고비 증가는 모바일 광고의 꾸준한 성장 덕분이라고 할 수 있다. 이는 디지털 미디어 시대로의 전환과 맞물려 있으며, 인공지능이나 메타버스 기술이 활용되는 산업에서 광고가 증가한 것과도 연결해 해석할 수 있을 것이다.

광고 시장의 현황과 달리 PR 시장이나 산업의 정확한 규모를 파악하는 것은 쉽지 않다. 광고비와 같이 PR 비용으로 분류해 정리한 자료가 거의

표 1-7 국내 광고 시장 분야별 광고비 변화 추이

(단위: 100만 원, 괄호 안은 전년 대비 증감률)

매체 구분		2018	2019	2020	2021(e)	2022(e)
방송	지상파 TV	1,421,935 (-8.4%)	1,244,653 (-12.5%)	1,106,607 (-11.1%)	1,363,567 (23.2%)	1,488,699 (9.2%)
	지상파 DMB	4,404 (-16.7%)	2,340 (-46.9%)	2,580 (10.3%)	2,252 (-12.7%)	1,893 (-15.9%)
	라디오	207,309 (-18.1%)	208,481 (0.6%)	232,980 (11.8%)	238,674 (2.4%)	236,032 (-1.1%)
	PP	1,990,163 (7.4%)	2,002,092 (0.6%)	1,891,678 (-5.5%)	2,213,263 (17.0%)	2,394,159 (8.2%)
	SO	140,775 (1.2%)	139,140 (-1.2%)	114,539 (-17.7%)	110,145 (-3.8%)	111,573 (1.3%)
	위성 방송	51,130 (6.6%)	50,039 (-2.1%)	33,210 (-33.6%)	28,228 (-15.0%)	28,228 (0.0%)
	IPTV	116,113 (16.9%)	124,301 (7.1%)	102,544 (-17.5%)	104,721 (2.1%)	118,201 (12.9%)
	소계	3,931,829 (-0.5%)	3,771,046 (-4.1%)	3,484,137 (-7.6%)	4,060,849 (16.6%)	4,378,785 (7.8%)
인쇄	신문	1,903,149 (2.4%)	1,939,672 (1.9%)	1,593,369 (-17.9%)	1,633,447 (2.5%)	1,715,179 (5.0%)
	잡지	444,808 (-1.5%)	433,321 (-2.6%)	326,685 (-24.6%)	298,090 (-8.8%)	304,762 (2.2%)
	소계	2,347,956 (1.6%)	2,372,993 (1.1%)	1,920,054 (-19.1%)	1,931,536 (0.6%)	2,019,940 (4.6%)
온라인	PC	2,055,449 (7.7%)	1,871,643 (-8.9%)	1,839,362 (-1.7%)	1,985,465 (7.9%)	2,116,754 (6.6%)
	모바일	3,661,755 (27.8%)	4,650,286 (27.0%)	5,689,016 (22.3%)	7,299,120 (28.3%)	8,999,800 (23.3%)
	소계	5,717,205 (19.7%)	6,521,929 (14.1%)	7,528,378 (15.4%)	9,284,586 (23.3%)	11,116,554 (19.7%)
옥외	빌보드	375,634 (2.9%)	370,482 (-1.4%)	292,140 (-21.1%)	281,755 (-3.6%)	287,540 (2.1%)
	교통	542,669 (2.6%)	511,367 (-5.8%)	375,710 (-26.5%)	386,120 (2.8%)	366,926 (-5.0%)
	엔터테 인먼트	337,136 (-6.4%)	301,240 (-10.6%)	107,359 (-64.4%)	107,233 (-0.1%)	130,042 (21.3%)
	기타	74,460 (43.8%)	73,677 (-1.1%)	60,550 (-17.8%)	63,583 (5.0%)	57,949 (-8.9%)
	소계	1,329,898 (1.8%)	1,256,765 (-5.5%)	835,759 (-33.5%)	838,691 (0.4%)	842,458 (0.4%)

기타	생활 정보	171,288 (0.7%)	214,763 (25.4%)	143,732 (-33.1%)	139,496 (-2.9%)	147,702 (5.9%)
	취업 정보	56,953 (99.9%)	95,962 (68.5%)	93,484 (-2.6%)	107,485 (15.0%)	109,825 (2.2%)
	DM	91,849 (24.2%)	119,055 (29.6%)	71,783 (-39.7%)	69,933 (-2.6%)	72,619 (3.8%)
	방송 제작사	108,908 (-21.9%)	74,416 (-31.7%)	42,960 (-42.3%)	48,892 (13.8%)	51,225 (4.8%)
	소계	428,999 (4.1%)	504,196 (17.5%)	351,960 (-30.2%)	365,806 (3.9%)	381,371 (4.3%)
총계		13,755,886 (7.9%)	14,426,928 (4.9%)	14,120,289 (-2.1%)	16,481,468 (16.7%)	18,739,108 (13.7%)

자료: 한국방송광고진흥공사(2021).

없기 때문이다. 다만 글로벌 PR 기업들이 얼마만큼의 수수료 수입(매출액)을 거두고 있는지 살펴봄으로써 간접적으로 확인해 보겠다. 매년 글로벌 250대 PR회사 순위를 발표하는 프로보크 미디어(PRovoke Media)의 자료를 소개한다.[1] 2021년 기준으로 글로벌 250위 PR회사의 전체 매출액은 전년 대비 10.6% 상승한 153억 달러를 기록했다. 주로 미국에 본사를 둔 10대 글로벌 PR 기업의 경우에도 매출액이 전년 대비 약 13% 증가해 적게는 5%에서 많게는 35%의 매출 신장을 기록했다(〈표 1-8〉). 에델만이 전체 1위를 차지했는데, 전년 대비 17.2%의 고성장을 기록해 약 9억 8492만 달러의 매출액을 기록했다. 흥미로운 점은 2019년과 비교해 2020년 매출액이 감소한 기업은 웨버 샌드윅(Weber Shandwick)이 유일했고, 그마저도 0.6% 감소에 불과했다. 선도적 글로벌 PR회사들은 코로나19 팬데믹의 영향을 별로 받지 않으면서, PR 프로그램과 활동을 전개하고 있다.

---

[1]   https://www.provokemedia.com/ranking-and-data/global-pr-agency-rankings/ 2022-pr-agency-rankings/top-250.

표 1-8 2022년 글로벌 PR 10대 기업 순위

2022	2021	PR 기업	본사	수수료 수입(백만 달러)		2020년 대비 성장률
				2021	2020	
1	1	에델만(Edelman)	미국	984.9	840.0	17.2%
2	2	웨버 샌드윅(Weber Shandwick)	미국	860.0	820.0	4.9%
3	3	버슨마스텔러(BCW)	미국	772.0	715.0	8.0%
4	4	플레시먼힐러드(FleishmanHillard)	미국	680.0	615.0	10.6%
5	5	케첨(Ketchum)	미국	550.0	500.0	10.0%
6	6	브런스윅(Brunswick)	영국	490.2	367.2	35.5%
7	9	리얼 케미스트리(Real Chemistry)	미국	475.0	360.0	31.9%
8	16	핀스버리 글로벌 헤링 (Finsbury Clover Hering)	미국	394.0	334.0	18.0%
9	7	MSL 그룹	프랑스	387.0	365.0	6.0%
10	10	힐앤놀튼(Hill+Knowlton Strategies)	미국	370.0	345.0	7.2%

자료: 프로보크 미디어(PRovoke Media).

3) 광고PR 산업 변화와 다양한 이슈

디지털 미디어 시대로의 전환과 AI·메타버스 시대로의 진입이 본격화되면서 광고PR 산업과 생태계에도 다양한 변화가 일어나고 있다. 광고PR주는 이와 같은 변화에 대응해야 하며, 광고PR 전문가인 대행사들은 전략적 대안을 제시해야 한다. 차영란(2017; 2019)은 AR과 VR 전문가들에 대한 SWOT 분석을 통해 현재 메타버스의 핵심 기술인 AR과 VR이 광고PR 산업 분야에서 어떻게 활용될 수 있는지 살펴보았다. AR·VR 시장 모두 정부가 국가적 차원에서 지원하고 있고, 해당 기술에서 광고 효과가 나타나고 있다는 점이 장점이긴 하다. 그러나 정부 주도이므로 AR/VR 기술에 대한 일반인들의 인식 부족과 콘텐츠 부재로 결국 관심이 떨어질 수 있고, 기술

적 한계 등이 단점으로 거론되었다. 기회 요인으로는 4차 산업혁명에 대한 정부의 지원 정책과 규제 완화 가능성이 커지고 있는 점과 우수한 네트워크 환경 등을 들었다. 반면 외국 기업과의 경쟁과 시장의 미성숙 및 우수한 인력의 부족 등은 위협 요인으로 지적되었다.

한국콘텐츠진흥원(2022)이 펴낸 「2021년 하반기 및 연간 콘텐츠산업 동향 분석」 보고서에 따르면, 2021년 광고산업은 위드 코로나 시대로 전환되면서 디지털 광고 시장을 중심으로 회복세를 보일 것으로 전망되었다. 또한 디지털 광고의 초개인화가 이슈화될 것으로 예측했는데, 단순히 인구통계학적 분석을 넘어 적절한 순간마다 개인 맞춤형 콘텐츠를 큐레이션해 줄 수 있는 수준의 광고 기술이 성장할 수 있음을 시사했다. 특히 2021년 포비즈코리아(Forbiz Korea)는 인공지능 기반 마케팅 기술을 고도화해 이른바 '메타커머스(meta-Commerce)'가 가능할 것으로 보았다. 아이겐코리아(Eigene Korea)는 인공지능 기반의 초개인화 마케팅 솔루션이 빅데이터 분석을 통해 가능할 것으로 본다. 예를 들어 쇼핑몰 페이지별로 가장 적합한 상품과 콘텐츠가 노출되도록 하는 시스템을 구축하고 맞춤형 상품을 제시해 고객의 쇼핑몰 이탈을 방지할 수 있도록 하는 솔루션을 제안했다. 그리고 앞서 언급한 가상 인플루언서가 메타버스 기술과 함께 광고모델로 등장하는 비중이 점차 늘어날 것으로 내다봤다. 메타버스 콘텐츠가 증가하고 소셜미디어와 메타버스 기술을 이용하는 데 익숙한 젊은 세대의 영향력이 커지면서 가상 인플루언서 모델의 입지 또한 확대될 것으로 예상한 것이다.

한국언론진흥재단(2022)에서도 메타버스 환경에 대한 미디어 산업의 대응을 주제로 한 보고서에서 언론산업, 방송산업, 광고산업의 대응을 논의했다. 특히 광고산업의 경우 광고주가 메타버스 환경에서 대응할 수 있는

5가지 접근 방식을 제시했다. 첫째, 메타버스 환경에서는 'VR 광고판(VR Billboards)'을 가질 수 있다. 둘째, 현재 소셜 크리에이터 콘텐츠 후원 방식을 그대로 적용해 가상공간에서의 메타버스 크리에이터 콘텐츠에 대한 후원 방식을 채택할 수 있다. 셋째, VR 게임에 제품을 배치하는 것이다. 넷째, 새로운 세대의 인플루언서를 창조하는 것이다. 이는 가상 인플루언서인 '로지'와 '루시'의 성공 사례에서 확인할 수 있다. 다섯째, 몰입성이 강한 네이티브 VR 광고의 제작이다. 비단 광고주뿐만 아니라 PR주 역시 메타버스 환경에 대한 대응으로 이상과 같은 방법들을 맥락에 맞게 적용해 볼 수 있을 것이다.

3. 디지털 미디어 환경에서 광고PR회사의 도전

새로운 디지털 미디어 환경에서 광고PR 회사들은 많은 도전을 받고 있다. 그 주요 이슈가 무엇이며, 현재와 미래에 어떠한 전략으로 대응할 것인지에 대해 꾸준히 논의되고 있다. 광고PR 회사의 현황을 살펴보고, 주요 이슈와 대응 방안을 살펴보자.

1) 광고PR 회사 현황

최근 미국의 광고 전문지 ≪애드에이지(AdAge)≫는 '전 세계 광고회사 톱 25'를 발표했는데, 2021년 기준으로 한국의 제일기획과 이노션 월드와이드가 각각 11위와 14위를 차지해 순위권에 이름을 올렸다(한국광고총연합회, 2022b: 〈표 1-9〉 참고). 삼성그룹과 현대자동차 그룹의 인하우스(in-house)

표 1-9 2021년 전 세계 매출액 기준 광고회사 순위

순위		광고회사	매출액($, B)	
2021	2020		2021	2020
1	1	WPP (런던)	17.6	15.4
2	2	Omnicom Group (뉴욕)	14.3	13.2
3	3	Publicis Groupe (파리)	13.9	12.3
4	4	Accenture's Accenture Interative (뉴욕)	12.5	10.6
5	5	Interpublic Group of Cos. (뉴욕)	10.2	9.1
6	6	Dentsu Group (도쿄)	9.9	8.8
7	8	PwC's PwC Digital Services (뉴욕)	8.9	7.7
8	7	Deloitte's Deloitte Digital (뉴욕)	8.7	8.0
9	12	Hakuhodo DY Holdings (도쿄)	7.5	2.4
10	10	IBM Corp.'s IMB iX (아몽크, 뉴욕)	6.4	5.5
11	13	**Cheil Worldwide (서울, 대한민국)**	2.9	2.3
12	11	Vivendi's Havas (뷔뜨, 프랑스)	2.8	2.4
13	-	Stadgwell (뉴욕)	2.2	-
14	17	**Innocean Worldwide (서울, 대한민국)**	1.3	1.0
15	18	Advantage Solution's Advantage Marketing Partners (어바인, 캘리포니아)	1.2	1.0

자료: 한국광고총연합회(2022b).

에이전시인 제일기획과 이노션은 해외 광고와 마케팅 물량이 많은 편이다. 한편 2020년에 코로나19 팬데믹이 본격화되면서 광고를 비롯한 마케팅 비용이 줄어들었지만 2021년에는 어느 정도 회복하면서 대부분의 글로벌 광고회사 매출액이 증가했다. 제일기획과 이노션 역시 매출액이 증가해 글로벌 순위가 상승했다.

한국광고총연합회에서는 매년 '광고회사 현황 조사'를 실시해, 국내 주요 광고회사들의 취급액과 인원 현황 등을 공개한다. 2022년 조사에서는 모두

그림 1-8 10대 광고회사 취급액과 성장률

(단위: 억 원)

자료: 한국광고총연합회(2022c).

76개 광고회사가 조사에 응했다. 2021년 기준으로 총취급액은 18조 9003억 원으로 광고회사와 매체대행사의 취급액이 중복 집계되었는데, 이것은 국내외 취급액을 모두 합산된 수치다(한국광고총연합회, 2022c). 2021년 조사를 보면 2020년 기준 취급액이 15조 6358억 원이었으므로, 전년 대비 약 21% 상승했다. 이는 팬데믹이 어느 정도 진정되면서 광고마케팅 시장이 회복된 것으로 파악된다. 주요 광고회사인 10대 광고회사의 취급액은 15조 8004억 원으로, 조사한 회사 전체 취급액의 약 83.6%에 이른다(〈그림 1-8〉 참고). 10대 광고회사의 10년간(2011~2021) 취급액 추이를 살펴보면, 〈그림 1-8〉에서 알 수 있듯이 꾸준한 성장세를 이어오다가 2020년 코로나19 팬데믹으로 감소 추세를 보였고, 2021년부터 다시 상승 추세로 돌아섰다.

한편 취급액을 기준으로 한 2021년 10대 광고회사는 제일기획, 이노션, HS 애드, 대홍기획, SM C&C, FSN(퓨처스트림네트워크), 그룹엠코리아, TBWA KOREA, 레오버넷, 디블렌트이며(〈표 1-10〉 참고), 2020년과 비교해 18.2%라는 매우 높은 성장률을 보여주었다.

PR회사에 대한 현황 조사도 한국광고총연합회에서 2022년 7월에 실시

표 1-10 국내 상위 10개 광고대행사(취급액 기준)

(단위: 100만 원)

순위	광고회사	2021년 취급액	전년 대비 성장률(%)	총취급액 중 국내 취급액	총취급액 중 해외 취급액
1	제일기획	5,932,045	21	1,900,499	4,031,546
2	이노션월드와이드	5,228,112	16	946,355	4,281,757
3	HS애드	1,574,359	14	941,146	633,213
4	대홍기획	920,982	14	895,145	25,837
5	SM C&C	487,273	13	47,273	-
6	FSN	448,922	12	383,165	65,757
7	그룹엠코리아	336,706	14	314,685	22,021
8	TBWA KOREA	331,696	28	331,696	-
9	레오버넷	288,852	32	286,396	2,456
10	디블렌트	251,510	-	251,510	-

자료: 한국광고총연합회(2022c).

했다. 25개 PR전문회사와 10개 광고회사, 온라인광고회사의 PR 담당 부서가 조사에 응해 모두 35개 PR회사의 현황이 조사되었다(한국광고총연합회, 2022a). 취급액을 기준으로 10대 PR회사는 프레인글로벌, 피알원, 케이피알앤드어소시에이츠, 시너지힐앤놀튼, 함샤우트두들, 엔자임헬스, 레인보우커뮤니케이션, 코콤포터노벨리, 유브레인커뮤니케이션즈, 리앤컴이었다(⟨표 1-11⟩). 다만 취급액을 밝히지 않은 PR회사가 일부 있으니, 이를 감안해 표를 해석해야 한다.

2021년 기준 취급액에서 100억 원 이상을 기록한 PR회사는 모두 7개 기업으로, 2019년 4개 기업에 비해 크게 증가했다(김운한, 2019). PR회사 역시 전반적으로 취급액이 증가하면서 국내 PR시장이 커지고 있음을 알 수 있다. 다만 프로보크 미디어에서 발표한 2022년 글로벌 250위 PR회사 순위와 매출액을 살펴보면, 국내 PR 대행사는 프레인글로벌이 57위, 피알원

표 1-11 국내 상위 10대 PR대행사(취급액 기준)

(단위: 100만 원)

순위	PR회사	2021년 취급액	설립 시기	총인원(명)
1	프레인글로벌	50,080	2000.7.27	252
2	피알원(PR ONE)	40,000	2006.6.12	185
3	케이피알앤드어소시에이츠	28,800	1989.9.10	164
4	시너지힐앤놀튼	28,000	1999.12.21	130
5	함샤우트두들	19,069	2007.2.20	90
6	엔자임헬스	12,065	2006.4.1	65
7	레인보우커뮤니케이션	11,062	-	59
8	코콤포터노벨리	7,974	1995	45
9	유브레인커뮤니케이션즈	7,633	2008.05.22	50
10	리앤컴	6,463	2001.02.15	33

자료: 한국광고총연합회(2022a).

이 87위를 차지했다(한국광고총연합회, 2022a). 글로벌 PR 시장에서 국내 PR
기업의 규모는 아직 크지 않아 보인다.

2) 광고PR회사의 주요 이슈와 대응 전략

디지털 미디어 환경으로의 전환은 광고PR 회사에 많은 문제를 야기했
으며, 이에 대한 솔루션을 찾으라고 요구하고 있다. 전통적인 4대 매체의
광고 비중은 줄어들고 있고, 디지털 분야의 취급액이 증가하고 있다. 코로
나19 팬데믹을 거치면서 이러한 흐름은 더욱 가속화되고 있다. 디지털 전
략을 세우고 대응하기 위한 노력은 조직 개편으로 이어지고 있으며, 디지
털 분야에 대한 투자가 증가하고 있다. 예를 들어 제일기획은 디지털 광고
기업인 하이브랩에, 이노션은 디지털 마케팅기업인 디퍼플에 투자를 하면

서 디지털 경쟁력을 높이고자 노력하며, 제일기획은 메타버스 담당 조직을 신설해 신사업에 적극적으로 나서고 있다(노유정, 2022.1.24).

한국광고총연합회에서 실시한 광고주 현황 조사를 통해 광고주들이 원하는 광고회사의 모습을 분석하면 현재 광고PR회사들이 실질적으로 대처해야 할 이슈가 무언인지 파악할 수 있다. 2022년 광고주 현황 조사에 따르면 (한국광고총연합회, 2022c), 광고회사 선정 기준 가운데 가장 높은 비율은 차지한 것은 '우수한 광고전략 및 마케팅 컨설팅 능력'이었고, 다음으로 '매체 운용 능력', '뛰어난 크리에이티브', '광고회사 조직원의 열의, 맨파워', 'IMC 서비스 능력', 'PT 참여진과 실무팀의 동일' 등의 순이었다. 광고회사에 대한 만족도는 '광고회사와의 파트너십', '광고주의 사업 특성에 대한 이해', '신속한 피드백 및 일정 엄수', '광고회사 조직원들의 팀워크', '광고회사와 광고주 간의 목표 의견 일치', '매체 운용 능력' 등의 순으로 나타났다.

광고PR회사들은 디지털 미디어 시대에 우수한 광고·마케팅 전략 및 크리에이티브에 대한 고민과 변화하는 업무 환경에 대처해야 한다는 과제를 안고 있다. 또한 디지털 콘텐츠가 급증하면서 낮은 제작비로 작업해야 하는 환경에 처했다(김운한, 2019). 디지털 미디어 환경에서는 광고PR 제작물을 저렴하게 그리고 신속하게 대량으로 만들어내야 경쟁력이 있으므로, 이를 위해 새로운 기술 도입을 강요받고 있다. 인력 구조는 변한 것이 없지만 제작비로 받을 수 있는 금액은 줄어들고 있어 광고PR 기업에는 큰 부담이 될 수밖에 없다.

이러한 문제와 이슈에 대해 광고PR 기업들은 어떠한 대응 방안과 전략을 세워야 하는 것일까? 김운한(2019)이 제시한 6가지 전략 방안을 소개하면 다음과 같다. 첫째, 클라이언트가 제기한 문제를 해결하기 위한 콘텐츠 제공에 기업의 목적을 두어야 한다. 둘째, 디지털 콘텐츠 제작 역량을 강화해야 한다. 셋째, '콘텐츠'와 '크리에이티브'는 여전히 중요한 요소다. 넷째, 대행사의 성과 평가 체계 점검도 시급하다. 다섯째, 광고PR 대행사의 역량은 중·장기적 관점에서 평가되어야 한다. 여섯째, 대행사의 능동적인 역할과 투자가 필요하다.

결국 변화하는 디지털 미디어 환경에서 광고PR 기업들은 클라이언트에게 해결 방안을 제시하기 위해 기술적 측면과 경험을 강조할 필요가 있다 (김운한, 2019). 빅데이터에 인공지능 기술을 접목해 정확한 타기팅 대상을 찾아내고, 적시에 디지털 콘텐츠를 제공해야 한다. 또한 메타버스 기술을 활용한 체험이나 경험 마케팅을 통해 인간 본연의 특성인 커뮤니케이션 욕구를 충족시킬 수 있도록 해야 한다. 이노션의 이용우 대표는 언론사와의 인터뷰에서 "전통적인 광고대행사의 기능과 영역을 뛰어넘어 차별화한 고객 경험을 제공하기 위해 적극적인 투자를 추진해 나갈 계획"이라며 "데이터에 기반한 맞춤화된 경험, 디지털 세상을 통해 구현되는 경험을 제공하기 위해 적극적으로 투자하겠다"(장우정, 2022.6.30)라고 강조한 했다. 이 말처럼 디지털 미디어 시대를 맞아 기술과 경험에 대한 가치를 제대로 파악해 전략적으로 대응할 준비를 해야 한다.

03
가치 창출을 넘어
가치공유의 시대로

제품 생산과 서비스 제공을 소비자들에게 알리기 위해, 기업이 미디어를 이용하고 그 대가로 돈을 지불하는 데서 광고가 시작되었다. 다양한 조직들이 공중과 상호 호혜적인 관계를 형성하고 유지하기 위해 메시지를 만들고 다양한 프로그램을 마련해 관리 활동을 하는 것이 PR의 핵심이다. 하지만 미디어 환경이 디지털 미디어로 변화하면서 광고와 PR 활동이 명확히 구분되는 않는 사례도 발생하고 있다. 미디어 환경 변화에 대한 기업과 조직의 대응으로 새로운 기술이 등장하고 소비자 혹은 공중의 경험이 강조되는 과정에서, 광고와 PR에 대한 구분이 모호해지고 있다.

기업의 소비자에 대한 마케팅 활동의 일환이든, 조직의 공중에 대한 커뮤니케이션 활동이든 간에, 광고와 PR은 나름의 가치를 만들어내고 있다. 전통적으로 기업은 좋은 품질의 제품과 서비스를 합리적인 가격에 제공해 경제성장에 이바지한다. 광고PR은 이 과정에서 시장이 경쟁적으로 운영될 수 있게 하고, 제품과 서비스의 수요를 창출해 경제성장에 기여한다(김정현, 2022). 이윤을 창출하는 것이 기업의 전통적인 목적이고 책임이었지만, 그 과정에서 기업은 환경을 오염시키고 자원을 고갈할 수도 있으며 부정부패와 같은 사회문제를 일으키기도 했다. 이에 따라 기업과 조직은 광고나 PR 활동을 통해 환경과 사회적 책무에 대해 사회와 커뮤니케이션하기 시작했다. 자선적 책임으로 구성된 사회공헌 활동 혹은 기업의 사회적 책임(corporate social responsibility, 이하 CSR)을 통해 명성 관리 등 적극적인 PR 활동을 하고 있다. 기업은 이미지 광고 등을 통해 사회적 책무를 다하며, 한 사회의 일원임을 강조하기도 한다. 기업과 조직은 다양한 사회공헌 활동을 통해 사회발전에 노력하는 모습을 소비자와 공중에게 보여주며 경제적 가치와 윤리적 가치 등을 만들어내고 있다는 것을 지속적으로 알려왔다. 하지만 CSR 활동에도 불구하고 기업과 조직이 유발하는 사회문제가 해결되지 않고 있으며, 최근에는 양극화, 빈곤, 환경오염 등 위협 요인이 끊이지 않고 있다. 기본적으로 이러한 사회문제 해결을 위해 정부와 공공 부문이 노력하고는 있지만, 기업과 조직이 사회구성원으로서 적극적으로 참여해야 한다는 소비자와 공중의 요구가 점점 더 커지고 있다.

이와 같은 흐름 속에 CSR을 넘어 '공유가치창출(creating shared value)'(이하 CSV)이 주목받고 있다. CSV는 '경제적 가치와 사회적 가치를 동시에 창출해 공유가치의 총량을 확대하는 비즈니스 모델로, 기업의 긍정적인 사회변화 유도(사회이익)와 비즈니스 가치 증대(기업성과)를 연결하는 새로운 접근 방법'이다.[1] 기업이나 조직이 본연의 활동을 통해 성과를 내는 것도 중요하지만, 자신이 속한 사회를 위한 활동 역시 필요하다는 것을 인정하고 서로 상충할 수 있는 두 가지 가치를 연결해 지속가능한 기업 및 조직 활동을 달성하려는 움직임이다. 새로운 시대를 맞아 새로운 가치 창출과 가치공유의 필요성을 인식하는 기업과 조직이 늘어나고 있다. 그리고 광고PR 산업에서도 이와 같은 시대적 흐름에 적극적으로 대응하려는 논의가 진행되고 있다.

---

[1] http://csvplatform.net/bbs/content.php?co_id=about_csv.

그림 1-9 CSR, CSV, ESG의 비교

자료: KT&G 상상플래닛 브런치.

  기업과 조직은 새로운 시대적 흐름과 외부 환경의 변화에 지속적으로 대응하고 적응해 왔으며, CSR과 CSV는 그 과정에서 논의된 모델이었다. 최근에는 이를 더 종합적으로 연결시키려는 ESG 개념이 기업의 비즈니스와 조직의 활동에 등장해 영향을 미치고 있다. 친환경, 사회적 책임, 지배구조 개선 등을 기본 가치로 하는 ESG는 기업의 일반적인 경영뿐 아니라 기업이나 조직이 일상적으로 행하는 광고PR의 모습도 바꾸어놓고 있으며, 광고회사와 PR회사의 활동 양상에도 영향을 미치고 있다. 디지털 미디어 환경 속에서 광고PR 산업은 기업과 조직의 외부 환경에 도사리는 위협 요인들을 효과적으로 대응·극복하도록 기업과 조직에 적합한 솔루션을 제공하기 위해 노력하고 있다. 이어지는 장에서는 AI·메타버스 시대의 광고PR 산업이 ESG라는 가치공유의 시대적 흐름과 어떻게 조응하는지 본격적으로 살펴보겠다.

참고문헌

강신규·이해수. 2021. 「미디어·광고산업 혁신성장을 위한 신유형광고 진흥방안」. 한국방송
    광고진흥공사.

김미경. 2019. 「인공지능과 광고」. 김현정 외. 『스마트 광고 기술을 넘어서』. 학지사.

김병희. 2021. 「광고의 정의와 유형」. 김병희 외. 『디지털 시대의 광고학 신론』. 학지사.

김시소. 2021.10.29. "페이스북, 사명 '메타'로 변경", ≪전자신문≫. https://www.etnews.
    com /20211029000002(검색일: 2022.8.31).

김운한. 2019. 「광고PR회사의 변화와 새로운 솔루션」. 한국광고홍보학회 엮음. 『디지털 변
    화 속 광고PR 산업』. 학지사.

김윤화. 2022. 「세대별 OTT 서비스 이용 현황」. ≪KISDI STAT Report≫, 22(7).

김정현. 2022. 「설득 커뮤니케이션의 이해와 활용」. 커뮤니케이션북스.

김현정. 2019. 「변화하는 광고」. 김현정 외. 『스마트 광고 기술을 넘어서』. 학지사.

김현진. 2021. 「빅데이터 시대, 새로운 광고전략」. 한국광고학회 엮음. 『광고의 미래 넥스트
    10년』. 학지사.

김활빈. 2020. 「융합현실과 홀로그램을 활용한 광고PR 사례」. 한국광고홍보학회 엮음. 『디
    지털 변화 속 광고PR 산업』. 학지사.

노유정. 2022.1.24. "성적 엇갈린 광고대행사 "디지털 동아줄 잡아라"", ≪한국경제≫.
    https://www.hankyung.com/economy/article/2022012405661(검색일:
    2022.8.31).

뉴시스. 2022.5.29. [인터뷰] "TV화제성, 시청률과 또 따른 경쟁력이죠", ≪뉴시스≫.
    https://www.newsis.com/view/?id=NISX20220527_0001888058(검색일:
    2022.8.31).

대학내일20대연구소. 2019. 『밀레니얼-Z세대 트렌드 2020』. 위즈덤하우스.

방송통신위원회. 2021. 「2021 시청점유율 기초조사」. 방송통신위원회. https://www.kob
    aco.co.kr/site/adstat/board/broadreport_watch_report/list(검색일:
    2022.8.31).

성윤택·송영아·황경호. 2021. 『메타버스의 이해』. 커뮤니케이션북스.

신채연. 2022.7.6. "롯데홈쇼핑의 '루시' 왜 거기서 나와? "내 본캐가 이거야!"", SBS Biz.
https://biz.sbs.co.kr/article/20000070349(검색일: 2022.8.31).

신한라이프 유튜브 광고. https://www.youtube.com/watch?v=y8v_UXdBQtw(검색일:
2022.8.31).

안종배. 2022.7.7. "[AI-메타버스 시대 '미래전략'] 〈5〉 메타버스의 미래", ≪전자신문≫.
https://www.etnews.com/20220707000091(검색일: 2022.8.31).

유승철. 2021. 「포스트 코로나 시대의 소비자 그리고 광고 테크놀로지」. 한국광고학회 엮음.
『광고의 미래 넥스트 10년』. 학지사.

이다비·김민지·안재민. 2017.1.26. "누구냐 넌? 4차 산업혁명…獨 인더스트리 4.0에서 시작
'알파고 쇼크' 거치며 한국 사회 뒤흔들어". ≪조선비즈≫. https://biz.chosun.com/
site/data/html_dir/2017/01/26/2017012601629.html.

이준배. 2020. 「AI/데이터 기반 마케팅의 보급과 그 사회경제적 영향」. ≪KISDI AI TREND
WATCH≫, 14.

이축복. 2022.4.27. MZ세대 10명 중 7명은 이것 일상 즐긴다. ≪매일경제≫. https://www.
mk.co.kr/news/business/view/2022/04/373265/.

이현진·이미혜. 2021. 인공지능산업 현황 및 주요국 육성 정책. 한국수출입은행.

임현승·정성훈. 2021. 춘천시 메타버스 산업 육성전략 수립. 강원대학교.

장우정. 2022.6.30. "'디지털 퍼스트' 외치는 광고대행사 … 제일기획 이어 이노션도 "공격 투
자"". ≪조선비즈≫. https://biz.chosun.com/industry/company/2022/06/30/CC
DYXRR6DBEBFLSQU5I4N63RVQ/.

정민경. 2022.8.22. "TV-OTT 합쳐 '화제성' 조사했더니 '환승연애' 1위". ≪미디어오늘≫.
http://www.mediatoday.co.kr/news/articleView.html?idxno=305227.

정보통신기획평가원. 2022. ≪과학기술&ICT 정책·기술 동향≫, 211.

정책브리핑. 2020.12.10. "2025년 가상융합경제 선도국가 실현… 경제적 파급효과 30조 달
성", https://www.korea.kr/news/policyNewsView.do?newsId=148880843.

차영란. 2017. 「광고, PR 산업 분야의 VR 콘텐츠 활용 가능성에 대한 탐색: 심층인터뷰를 중심
으로」. ≪한국콘텐츠학회논문지≫, 17(9), 107~119쪽.

_____. 2019. AR 생태계(C-P-N-D)에서의 광고, PR 산업 분야의 활성화 방안: 질적 연구를

중심으로. ≪한국콘텐츠학회논문지≫, 19(9), 67~80쪽.

토레스 유튜브 신차 발표회. https://www.youtube.com/watch?v=Qvwuvlta-E0&t=260s (검색일: 2022.8.31).

한국광고총연합회. 2022a. ≪AD-Z≫, 337(7/8).

_____. 2022b. ≪AD-Z≫, 336(5/6).

_____. 2022c. ≪AD-Z≫, 335(3/4).

한국방송광고진흥공사. 2021. 「2021 방송통신광고비 조사 보고서」.

한국산업기술진흥원. 2022. 「메타버스의 특성과 경제적 영향 분석」(McKinsey, 6월). ≪산업기술 동향위치≫, 13.

한국언론진흥재단. 2020. 「코로나19 이후 국민의 일상 변화 조사」.

_____. 2022. 「메타버스 환경에 대한 미디어 산업의 대응」. ≪미디어 정책 리포트≫, 2.

한국콘텐츠진흥원. 2022. 「2021년 하반기 및 연간 콘텐츠산업 동향분석」.

한국IDC. 2022.3.22. "한국IDC, 국내 인공지능(AI) 시장 연평균 성장률 15.1% 증가하며 2025년까지 1조 9,074억 원 규모 전망". https://www.idc.com/getdoc.jsp?containerId=AP48913122(검색일: 2022.8.31).

한국IDC. https://www.idc.com/getdoc.jsp?containerId=prAP48976622(검색일: 2022.8.31).

KT&G 상상플래닛 브런치. https://brunch.co.kr/@sangsangplanet/43(검색일: 2022.8.31).

NVIDIA Youtube Channel. https://www.youtube.com/watch?v=1qhqZ9ECm70(검색일: 2022.8.31).

2장

ESG와
가치공유의 시대

고흥석·김활빈

01

ESG 개념의 등장
지속가능성과 사회적 책임

일반적으로 기업은 외부 환경 변화로 인한 위기 상황에서 지속가능성을 높이기 위해 비즈니스 모델을 변화시키거나 구조조정과 같은 수익 전략을 추진한다. 시장에서 기업가치는 재무적 평가를 통해 산정되며, 전통적으로 평가의 핵심 요소는 매출액이나 영업이익, 자산의 안정성 등 재무적인 영역이었다. 그러나 기업가치에 대한 평가와 기업의 성장은 무한히 지속될 수 있는 것이 아니다. 사회 구조적 변화와 환경에 따라 성장에 일정한 한계가 있고, 이는 특정 기업이나 일부 지역에 국한된 양상이 아니라 전 지구적인 특성이다. 이하에서는 성장의 한계를 극복하기 위해 논의되는 지속가능 발전에 대한 고민과 실질적인 방안에 대해 살펴보고자 한다.

1. 지속가능성에 대한 고민

1972년 로마클럽(The Club of Rome)의 미래연구보고서 「성장의 한계 (The Limits to Growth)」가 공개되었다. 전 지구적 차원에서 경제성장이 초래하는 부정적인 영향이 인간에게 어떻게 작용할지 분석한 보고서이다. 인구 증가에 따른 식량 문제와 자원 고갈, 생태계 파괴에 따른 지구 위기를

로마클럽 홈페이지.

로마클럽은 당면한 글로벌 문제에 대해 비판적 토론을 목표로, 1968년 이탈리아 로마의 아카데미아 데이 린세이(Accademia dei Lincei)에서 설립된 비영리 비공식 조직이다. 전 세계 국가와 정부 원수, UN 행정관, 고위 정치인과 정부 관리, 외교관, 과학자, 경제학자와 비즈니스 리더 가운데 선발된 100명의 정회원으로 구성되며, 로마클럽의 첫 번째 보고서가 널리 알려진 「성장의 한계(The Limits to Growth)」이다(로마클럽, https://www.clubofrome.org 참고).

다루었다. 이 보고서는 MIT의 제이 포레스터(Jay Forrester) 교수가 자신의 저서 『월드 다이내믹스(World Dynamics)』에서 소개한 '월드 3(The World 3)' 모델링을 통해 인구, 식량 생산, 산업화, 오염, 재생 불가능한 천연자원의 소비 등 다섯 가지 변수들의 성장 추세를 변경하면서 지속가능한 피드백 패턴을 찾고자 했다. 그러나 3개 시나리오 가운데 2개 시나리오에서 21세기 중후반까지 지구 시스템이 "오버슈트 및 붕괴"될 것으로 예측했으며, 현재의 성장 추세가 지속될 경우 향후 100년 이내에 성장은 한계에 다다를 것으로 보았다. 다만 이와 같은 성장의 한계를 극복하기 위한 방안으로 지속가능한 발전(sustainable developing)을 제시하면서, 단기적인 이윤 추구에서 장기적인 지속성장으로 전환해야 한다고 지적했다.

로마클럽에서 강조하는 지속가능성은 볼랜즈(Volans) 연구소를 창립한존 엘킹턴(John Elkington)에 의해 더욱 체계화되었다. 엘킹턴은 녹색성장을 위해 요구되는 지속가능성 3요소를 제시한 바 있는데 경제적 요소, 사회적 요소, 환경적 요소가 그것이다(Elkington, 2004).

일반적으로 기업 활동에 대한 성과 지표를 수치로 정리할 때 맨 마지막 줄(bottom line)에는 기업 활동 결과인 재무제표의 최종 성과를 보여준다. 즉 기업 경제활동의 최종 성과를 기업의 순이익을 나타내는 지표에 한정하는 방식을 SBL(single bottom line)이라고 한다. SBL을 통해 기업의 가치를 평가하는 것은 해당 기업의 경제적 성과 지표에 초점을 맞추는 것으로 이해할 수 있다. 이에 반해 기업의 최종적인 성과를 경제적 성과뿐만 아니라 사회적 성과를 함께 고려하는 방식을 DBL(double bottom line)이라고 하며, TBL(triple bottom line)은 기업의 최종 성과 지표의 마지막 줄을 경제적 성과와 사회적 성과에 환경적 성과를 포함하는 방식을 일컫는다. 즉 기업의 가치 평가에서 경제적·사회적·환경적 요소를 모두 동일하게 고려한다는 것이다.

엘킹턴은 이 세 가지 요소가 조화롭게 구성될 때 지속가능성이 있다고 강조한다. 엘킹턴 홈페이지에 공개된 TBL의 주요 내용을 소개한다.[2]

첫째, 경제성과 경제적 지속가능성이다. 이는 지속적인 생산활동을 통한 이윤 창출 가능성을 의미한다. 지속적인 수익 창출과 동시에 기업운영에 필요한 자원을 확보해야 한다는 것이다. 둘째, 지속가능성은 사회적 지속성이다. 기업이 경제적 책임을 넘어 사회공동체의 사회적·인적 자본을 확충함으로써 사회 전체의 가치를 증진하는 것을 말한다. 셋째, 환경적 지

---

2 엘킹턴의 TBL의 주요 내용은 https://www.johnelkington.com/archive/TBL-elkington-chapter.pdf 참조.

속가능성이다. 기업의 환경적 지속가능성은 기업을 둘러싼 생태적 환경에 대한 책임과 공헌을 의미한다. 기업이 환경보호를 넘어 환경의 영구적 사용과 환경에서 얻는 이익의 공정한 공유까지 포함하는 것으로 이해해야 한다.

여기에는 몇 가지 기본 전제가 있다. 우선 사회·경제·환경·재정 등 사회 모든 영역이 지속적으로 균형 있게 발전해야 한다는 것이고, 미래세대에 대한 이해가 필요하다는 것이다. 동시에 준법경영, 윤리경영에 기초한 사회적 책임 이행, 사회적 성숙, 기업의 공적 성격을 강조한다는 점이다. 마지막으로 기업의 윤리경영 자체가 기업의 브랜드 가치 증진에 효과적이라는 전제가 깔려 있다.

엘킹턴이 제시한 지속가능성을 위한 세 가지 요소는 여러 학자들에 의해 구체화되었는데, C. I. 오냘리(C. I. Onyali)는 각각의 요소가 지닌 중첩적인 사항으로 논의를 확장하고 있다. 오냘리가 제시하는 지속가능성의 세 영역인 환경·사회·경제 부문은 엘킹턴의 핵심 3요소와 크게 다르지 않다. 오냘리는 한 발 더 나아가 각 요소의 중첩된 부분을 지적한다. 이를테면 사회적 환경성은 환경적 정의, 즉 지역적으로나 전 지구적으로 자연자원에 대한 책임 있는 계획과 관리를 구현하는 윤리적 가치인 스튜어드십(stewardship) 등을 포함한다. 환경적 경제성은 에너지 효율성, 자원 이용에 대한 보조 및 인센티브 등을 예로 들 수 있으며, 경제적 사회성은 비즈니스 윤리, 공정거래, 노동 인권 등의 세부 사항을 담고 있다. 그리고 각 요소의 공통 부문들이 유기적으로 작동할 때 지속가능성이 보장될 수 있다고 강조한다(Onyali, 2014).

이 외에도 마리우스 클라우디(Marius Claudy)와 그의 동료들은 기업의 지속가능성에 대해 "기업 성과의 환경적·사회적·경제적 측면과 기업의 전략

그림 2-1 지속가능성의 세 영역

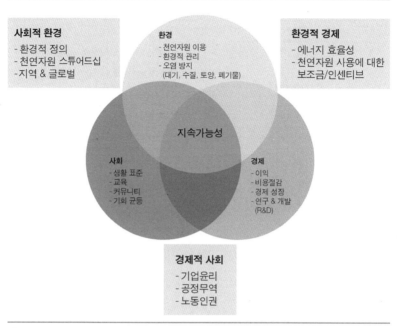

사회적 환경
- 환경적 정의
- 천연자원 스튜어드십
- 지역 & 글로벌

환경
- 천연자원 이용
- 환경적 관리
- 오염 방지
 (대기, 수질, 토양, 폐기물)

환경적 경제
- 에너지 효율성
- 천연자원 사용에 대한
 보조금/인센티브

지속가능성

사회
- 생활 표준
- 교육
- 커뮤니티
- 기회 균등

경제
- 이익
- 비용절감
- 경제 성장
- 연구 & 개발
 (R&D)

경제적 사회
- 기업윤리
- 공정무역
- 노동인권

자료: Onyali(2014).

적·운영적 활동을 통합"한 개념으로 이해하고 있으며(Claudy, Peterson and Pagell, 2016), 슈테판 샬테거(Stefan Schaltegger)와 요헨 회리슈(Jochen Hörisch)는 "사회적·환경적으로 부정적인 영향을 줄이고 지속가능한 발전에 기여하는 것을 목표로 하는 경영활동"으로 정의하고 있다(Schaltegger and Hörisch, 2017). 학자들에 따라 조금씩 차이는 있지만, 기업의 지속가능성과 지속가능경영은 공통적으로 비재무적 성과를 강조하고 있으며, 사회·경제·환경의 조화로운 발전을 통해 지속가능성을 달성할 수 있음을 보여준다(이정기·이재혁, 2020).

국제적 차원에서도 지속가능 발전에 대한 고민이 다각적으로 논의되었

표 2-1 UN의 PRI

원칙	주요 내용
1	우리는 ESG 문제를 투자 분석 및 의사결정 프로세스에 포함할 것이다
2	우리는 적극적인 주주가 될 것이며 ESG 문제를 지배구조 정책 및 규정에 포함할 것이다.
3	우리는 우리가 투자하는 기업에서 ESG 문제에 대한 적절한 공개를 추구할 것이다
4	우리는 투자 산업 내에서 이 원칙에 대한 수용과 이행을 촉진할 것이다
5	우리는 원칙 이행의 효율성을 높이기 위해 함께 노력할 것이다.
6	우리는 원칙 이행을 위한 우리의 활동과 진행 상황에 대해 각각 보고할 것이다.

자료: UN, https://www.unpri.org/about-us/what-are-the-principles-for-responsible-Investment.

다. 2000년 이후 UN은 새천년개발목표(MDGs)를 발표해 국제적 차원에서 각국의 기업들이 지속가능 발전에 참여하도록 독려해 왔다. UN은 지속가능성에 대한 민간 차원의 참여를 강조하면서 엘킹턴이 제시한 TBL 개념을 더 체계화하고, 사회적 성과 보고를 위한 GRI(Global Reporting Initiative) 가이드라인을 발표한다. 그 뒤 2006년에 UN의 PRI(Principles for Responsible Investment) 6원칙이 발표되고, 글로벌 자산운용사들이 이 원칙에 공감하면서 ESG의 필요성을 전 세계가 폭넓게 인식하는 계기가 되었다.

UN의 책임 투자 원칙은 투자 관행에 대한 환경, 사회 및 기업의 지배구조 이슈가 매우 밀접하게 연관된다는 것을 보여준다. 이 원칙에 합의한 많은 국제적인 투자회사와 자산운용사들은 투자자로서 '수탁자의 책임'을 다하고, 투자 효율성을 평가하는 데 이 원칙들을 지속적으로 개선할 것이라는 의지를 보여준다. 장기적인 관점에서 볼 때, 이러한 투자 원칙들을 통한 기업에 대한 투자 활동이 더 나은 사회를 만들고, 곧 더 큰 사회적 이익을 창출할 수 있다는 것을 의미한다.

2. 기업의 사회적 책임

기업의 사회적 책임(Corporate Social Responsibility, 이하 CSR)은 기업과 주주의 이익을 위해 단기적인 이윤만 추구하는 것이 아니라 기업 활동이 사회에 미치는 영향에 대한 책임을 자각하여 근로자·협력업체·소비자·지역사회, 나아가 사회 전체의 이익이 되도록 사회적으로 기여하는 것을 의미한다. 예컨대 근무 환경을 개선하고 남녀차별 금지, 아동 노동 금지, 직장보건과 안전, 교육과 훈련, 다양성과 평등한 기회 보장 등의 조치를 취하는 것이다. 또한 기업 활동이 친환경적이어야 한다는 인식이다. 안전한 원료, 청정에너지, 생물다양성 보존, 환경공해 방지, 작업장 환경개선 등을 아우른다. 나아가 기업이 인권 존중과 표현의 자유 보호, 기업과 사회의 지속가능한 발전을 위한 윤리적 책임을 다해야 한다는 의미이다.

1) CSR 개념

이윤 추구 중심의 기업 활동으로 인해 사회구성원 사이에 대립과 갈등이 증가할 우려도 존재한다. 그러므로 기업과 사회, 정부 모두 상생을 위한 해결 방안을 모색해야 한다. 일반적으로 CSR은 기업의 사회적 책임을 의미하는데, 기업의 생산활동·윤리경영·환경경영·사회공헌 등 사회 전체의 이익을 동시에 추구하는 의사결정과 관련 활동을 포괄하는 개념으로 이해된다.

CSR 개념은 특정 시기에 사회가 기업에 요구하는 경제적·법적·윤리적 기대치와 함께 임의적인 자선적 책임(philanthropic responsibility)에 대한 사회적 기대치를 포함한다는 주장에 기초한다(Carroll, 2016). 즉 기업의 사회

그림 2-2 아치 캐럴의 CSR 피라미드

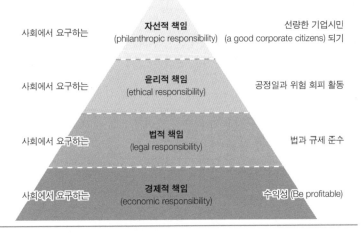

사회에서 요구하는

자선적 책임
(philanthropic responsibility)

선량한 기업시민
(a good corporate citizens) 되기

사회에서 요구하는

윤리적 책임
(ethical responsibility)

공정일과 위험 회피 활동

사회에서 요구하는

법적 책임
(legal responsibility)

법과 규제 준수

사회에서 요구하는

경제적 책임
(economic responsibility)

수익성 (Be profitable)

자료: Carroll(2016).

공헌(CSC: corporate social contribution)이 CSR의 중요한 위치에 있다고 보았으며, 기업의 CSR 피라미드를 통해 다양한 기업의 책임을 체계화했다.

아치 캐럴(Archie Carroll)이 제시한 CSR의 네 단계 중 1단계 책임은 경제적 책임(economic responsibility)이다. 이는 고객의 요구를 만족시킴으로써 경제적 이익을 창출하는 것으로 이익의 극대화 전략이라고 볼 수 있으며, 고용 창출 등으로 사회적 기여가 가능하다. 2단계는 법적 책임(legal responsibility)으로, 회계 투명성이나 제품과 서비스의 안전 등 법과 규제 틀 안에서 경제적 이익을 추구하는 것이다. 3단계는 윤리적 책임(ethical responsibility)이다. 사회적으로 규범화된 도덕적·윤리적 규율을 준수하는 것으로 환경에 대한 윤리경영, 고용 측면에서의 다양성 보장 등이 이에 해당된다. 마지막 4단계는 자선적 책임(philanthropic responsibility)으로 사회가 요구하는 '선량한 기업시민(a good corporate citizens)'의 일원으로 사회적 소외계층에 대한 지원과 교육 및 문화 활동 지원 등을 통해 사회의 더 긍정적인 변화를 추구하는 단계이다. 다만 캐럴의 CSR 피라미드에 따르면 기업의 자선적 책임이 다른 기업의 책임보다 상위에 위치하고 있어, 기업의 사회적 책임을 단순히 사회공헌 활동으로 축소하는 한계를 보여준다.

기업의 사회적 책임에 관한 활동도 일정한 가이드라인과 평가 기준에 따라 평가되어 왔는데, 대표적인 것이 'GRI 가이드라인'이다. GRI 가이드라인은 1997년 유엔환경계획(UNEP: United Nations Environment Program)의 지원을 받아 미국의 환경단체인 세레스(CERES, www.ceres.org)와 텔루스(TELLUS) 연구소(www.tellus.org)에서 공동으로 제시한, 기업의 지속가능성을 위한 가이드라인이다. 2000년에 첫 번째 가이드라인인 G1을 발표한 이후 2002년에 G2, 2006년에 G3을 발표했다. 2013년에 발표한 G4에서는 기업이 자신들의 중대한 기업 활동 이슈를 선정할 때 사회·경제·환경에 미치는 영향을 반영하고, 이해관계자의 평가 등을 고려해야 한다고 규정했다. 이를테면 사회적 영향에는 노동 관행이나 일자리 문제, 고용, 노사관계, 산업안전보건, 공급업체 노동 관행, 고충처리제도 등의 하위 범주가 포함되며, 구성원의 차별 금지, 아동 노동에 관한 규정, 결사와 단체교섭의 자유 등 인권에 관한 사항도 포함되어 있다. 환경적 영향 부문에는 원재료, 에너지, 생물다양성, 폐수와 폐기물, 운송 및 공급업체의 환경 평가 측면을 고려해야 한다고 규정했다. 다만 기본적으로 GRI 가이드라인은 비정부기관과 정부가 기업에 책임을 물을 수 있는 근거를 제공하기 위한 것이기 때문에, 투자자들에게는 정보를 제한적으로만 제공한다(Henderson, 2020).

CSR의 중요성에 대한 인식이 확산되면서 관련된 여러 국제기관에서 세부 내용들을 마련하기 시작했다. 2010년 국제표준협회(ISO: International Organization for Standardization)가 기업의 사회적 책임과 관련한 국제규범

표 2-2 각 기관의 CSR 정의

기관	정의
ISO(국제표준화기구)	조직이 사회·경제·환경 문제를 사람·지역공동체 및 사회 전체에 혜택을 줄 수 있도록 추진하는 활동
OECD (경제개발협력기구)	기업과 사회와의 공생 관계를 성숙시키고 발전시키기 위해 기업이 취하는 행동
WBCSD(지속가능발전 세계기업협의회)	직원, 가족, 지역사회 및 사회 전체와 협력해 지속가능한 발전에 기여하고 이들의 삶의 질을 향상시키고자 하는 기업의 의지
EU(유럽연합)	기업의 책임 있는 행동이 지속가능한 비즈니스로 이어진다는 인식하에 사회 환경에 관한 문제의식을 그 사업활동과 이해관계자를 대상으로 자주적으로 취하는 행동

자료: 김환이(2014.12.24).

및 가이드라인을 종합해 'ISO 26000'을 발표했는데, 일반 기업과 조직의 사회적 책임에 관련한 세부 실행 지침을 담고 있다. ISO 26000은 기업의 사회적 책임을 평가하는 기준이라기보다는 인권, 노동 관행, 환경, 공정거래, 소비자 권익, 지역사회 참여 등의 주제와 관련해 어떤 활동을 해야 하는지 실행 지침을 마련한 것이다. 이 지침을 마련하기 위해 90여 개 이상의 나라에서 정부와 기업, 소비자, 노동, NGO, 연구기관 등이 다자간 이해관계자 접근 방식으로 참여했다. 이 지침은 세계화에 따른 국제적 빈곤과 불평등 문제를 해결하고, 지속가능한 인류의 발전과 번영을 위한 방향으로 패러다임 전환을 촉구한 것으로 평가받고 있다.

물론 CSR에 대한 개념적 정의는 각 기관에 따라 조금씩 차이를 보인다. 국제표준협회는 기업의 사회적 공헌 활동에 초점을 맞춰 사회·경제·환경 등 지역공동체와 사회 전체에 혜택을 주는 활동으로 정의하고 있지만, 경제개발협력기구(OECD: Organization for Economic Cooperation and Development)는 기업과 사회의 공생 관계를 추구하기 위한 기업 활동으로 정의한다. 지속가능발전세계기업협의회(WBCSD: World Business Council For Sustainable Development)는 사회 각 구성체인 직원·가족·지역사회가 협력해 지속가능한 발전에 기여하고, 궁극적으로 모든 구성체의 삶의 질을 향상시키려는 기업의 의지 및 활동으로 정의한다. EU는 기업의 자율성을 강조하면서, 기업의 책임 있는 행동을 통해 지속가능성을 추구하고 사회 환경에 관해 문제의식을 가지고 자주적으로 행동하는 것이라고 정의한다.

2) 사회적 책임에 대한 개념과 이해를 위한 다양한 접근 방식

기업의 사회적 책임을 이해하는 접근 방식은 학문적 영역에서도 조금 다른 양상을 보인다. 경영학적 측면에서 볼 때 기업의 사회적 책임은 기업의 브랜드 가치를 개선하는 데 도움이 되며, 하나의 비즈니스 모델로 인식되는 경향이 있다. 또한 기업의 사회적 책임을 통해 소비자와 신뢰관계를 형성하고 기업경영을 개선하려는 전략적 판단으로 인식하고 있다. 그러나 경제학적 측면에서 볼 때, 일부 경제학자들은 기업에 사회적 책무를 부담시키는 것은 일종의 비용 증가를 유발하기 때문에 비효율적일 수 있다고 지적한다. 기업은 시장경쟁 체제 속에서 경제적 성과를 높이는 데 집중해야 한다는 점을 강조한 것이다. 이와 달리 법학적 측면에서 볼 때 기업의 사회적 책임은 기업의 법적 책임과 도덕적 책임을 구분하는 규제와 자율이 혼재된 영역으로 이해할 수 있으며, 개별 국가에 따라 기업의 사회적 책임이 법적 의무로 강하게 규율될 수 있다고 본다.[3]

---

3   이 보고서는 유럽연합 출판부 홈페이지에 공개되어 있다. https://op.europa.eu/en/publication-detail/-/publication/18607901-76e9-47ea-91f8-436a4f412450.

그림 2-3 기업의 사회적 책임
을 위한 유럽 프레임워크 증진

자료: Publications office.

유럽 기업의 사회적 책임에 대한 접근 방식은 문화적 전통을 기반으로 한다. 유럽의 오랜 전통이라 할 수 있는 노블레스 오블리주(noblesse oblige) 문화에 따라 지역민들의 지지와 신뢰를 구축하기 위해 기업경영자들이 사회공헌 활동을 많이 전개한 측면이 있다. 즉 유럽 기업의 사회공헌은 기업의 당연한 문화 중 하나로 인식되는 경향이 높다. 이러한 기업문화의 특성이 이른 시기에 제도적으로 논의되었는데, 대표적인 사례가 2001년 발표된 「기업의 사회적 책임에 대한 녹서(Green Paper: Promoting a European framework for Corporate Social Responsibility)」이다. 이 보고서는 기업의 자발적인 결정을 통한 실행, 즉 기업의 자율성을 강조하고 있다. 즉, 내부적으로는 효율적인 인력자원 관리를 비롯해 자체 사업장뿐 아니라 계약 업자 사업장의 안전과 직원들에 대한 건강 기준을 자율적으로 마련하고, 구조조정과 관련한 결정에서도 이해관계자의 이익을 고려할 것을 강조한다. 또한 외부적으로는 지역사회와의 관계, 글로벌 공급망에서의 인권 문제, 글로벌 환경문제에 대한 기업의 역할을 강조하고 있다.

ESG 개념과 세부 내용

1. 공유가치 창출, 사회적 가치와 ESG

1) 공유가치 창출

기업의 사회적 책임이 사회공헌 활동으로 인식되어 온 데 대해 반성할 필요가 있다는 의견이 제기되었고, CSR이 추구하는 본질적인 목적과 지향과 관련해 문제점들이 나타나면서 새로운 가치 창출을 위한 논의가 전개되었다. 이는 기업의 사회공헌 활동이 기업의 성과 측면에서 부담으로 작용한다고 지적하면서, CSR의 측정 및 평가에서 나타나는 문제점도 개선해야 함을 제기한 것이다. 즉 기업의 사회적 가치 창출을 통해 사회적 책임을 실현할 수 있는 새로운 전략적 CSR로 전환이 필요하게 된 것이다. 2011년 마이클 포터(Michael Porter)와 마크 크레이머(Mark Kramer)가 공유가치창출 (CSV: creating shared value)의 중요성을 강조하면서 CSV에 대한 인식이 전 세계로 확산되었다.

포터와 크레이머가 제시한 CSV 개념은 CSR이 기업의 사회적 책임으로 "선한 일을 하는 것"이라는 목표 가치를 내세운 것과 달리, 새로운 경제적·사회적 가치 창출을 핵심 목표로 삼았다. 기업과 지역사회가 공동의 가치

표 2-3 포터와 크레이머가 제시한 CSR과 CSV의 차이

	CSR	CSV
목표 가치	선한 일을 하는 것	경제적, 사회적 가치
핵심 개념	기업 시민, 자선, 지속가능성	기업과 지역사회의 공동 가치 창출
동기	재량적 또는 외부 압력에 대한 대응	경쟁력 확보의 핵심 요소
경제적 이익과 관계	이익 극대화와 구별	이익 극대화의 핵심 요소
내용	외부 보고 및 개인적 선호에 의한 아젠다 결정	기업 특성 및 내부적 합의에 의한 아젠다 결정
영향 범위	기업의 환경, 사회적 성과 및 예산에 의한 제한적 영향	기업 전체 예산 재조정
예시	공정무역 구매	품질 및 수익증대를 위한 구매과정의 전환

자료: 이은선·최유경(2021: 20).

창출을 함께 추구한다는 것이 주된 개념이다(Porter and Kramer, 2011). 따라서 CSR이 기업의 재량에 의존하는 것으로 시민사회 등 외부의 압력에 대한 대응 차원에서 진행된 측면이 있다면, CSV는 기업 스스로가 경쟁력 확보를 핵심 요소로 삼아 기업의 이익을 극대화하기 위한 활동의 일환으로 작용한다. 이 점에서도 기존의 CSR이 비용 면에서 기업의 부담으로 작용해 이익 극대화와 구별되는 개념이었다는 점과 차이가 있다. 따라서 CSR이 기업의 사회적 성과와 환경 등에 미치는 긍정적인 영향이 기업의 예산 또는 비용에 따라 제한적인 효과를 내는 반면, CSV는 기업 전체의 예산을 공유가치 창출을 위해 재편성하는 형태로서 더 큰 영향을 미칠 수 있다는 점에서 다르다.

물론 포터와 크레이머가 제시한 CSV 가운데 제품과 시장에 대한 재인식, 산업적 가치사슬에서 생산성의 재정의, 지역 클러스터 개발을 위한 주요 사례들은 기존 CSR의 전략적인 성공 사례와 크게 다르지 않다는 지적도 있다(김종대 외, 2016).

그림 2-4 CVS 개념 변화

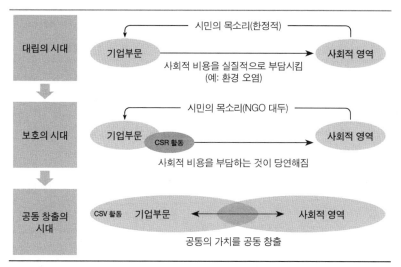

자료: 황용석(2021).

황용석(2021)은 CSR과 CSV에 대해 기업 부문과 사회적 영역의 관계에서 이루어지는 기업 활동으로 파악하고 있다. 즉 기업의 사회공헌 활동 초기에는 기업 부문과 사회적 영역의 대립관계 속에 시민의 목소리가 기업 부문에 한정적으로 반영되었으므로, 기업 입장에서는 시민사회의 요구가 사회적 비용을 실질적으로 기업에 부담시키는 측면이 있다고 보았다. 그러나 기업의 CSR 활동이 본격적으로 확산되면서 NGO 등을 통해 사회적 영역의 목소리가 기업 부문에 반영되기 시작했고, 기업에서도 사회적 비용 부담을 당연하게 받아들이는 '보호의 시대'로 이해하고 있다. 그리고 최근 들어서는 기업 부문과 사회 부문이 공동의 가치 창출을 위해 노력함으로써 새로운 CSV 활동으로 변모했다고 보고 있다.

2) 사회적 가치와 ESG

최근 여러 가치 차원에서 다양하게 논의되고 있는 사회적 가치(social value)에는 한 사회의 모든 사람들이 공동체 의식을 지니고 최소한의 삶을 영위하도록 하는 일, 지역경제 발전과 사회적 평등, 일상의 민주주의 유지까지 포괄된다. 사회적 가치가 완전히 새로운 개념이라고 할 수는 없다. UN이 개발한 지속가능목표(sustainable development goals, 이하 SDGs)를 살펴보면, 모든 국가와 지역 사람들의 삶의 질을 일정 수준 이상으로, 지속적으로 보장해야 하는 당위성에 대해 강조한다. 이는 궁극적으로 지속가능성이라는 것이 사회적 가치를 의미한다는 것이다.

2015년 제70차 UN 총회에서 결의한 17개의 지속가능발전목표는 2030년

그림 2-5 UN의 지속가능 목표

자료: UN 홈페이지.

표 2-4 UN의 17개 SDGs

목표 1	모든 형태의 빈곤 종결
목표 2	기아 해소, 식량 안보와 지속가능한 농업 발전
목표 3	건강 보장과 모든 연령대 인구의 복지 증진
목표 4	양질의 포괄적인 교육 제공과 평생학습 기회 제공
목표 5	성평등 달성과 모든 여성과 여아의 역량 강화
목표 6	물과 위생의 보장 및 지속가능한 관리
목표 7	적정 가격의 지속가능한 에너지 제공
목표 8	지속가능한 경제성장 및 양질의 일자리와 고용 보장
목표 9	사회기반시설 구축, 지속가능한 산업화 증진
목표 10	국가 내, 국가 간의 불평등 해소
목표 11	안전하고 복원력 있는 지속가능한 도시와 인간 거주
목표 12	지속가능한 소비와 생산 패턴 보장
목표 13	기후변화에 대한 영향 방지와 긴급 조치
목표 14	해양, 바다, 해양자원의 지속가능한 보존 노력
목표 15	육지 생태계 보존과 삼림 보존, 사막화 방지, 생물 다양성 유지
목표 16	평화적, 포괄적 사회 증진, 모두가 접근 가능한 사법제도와 포괄적 행정제도 확립
목표 17	이 목표들의 이행 수단 강화와 기업 및 의회, 국가 간의 글로벌 파트너십 활성화

까지 달성하고자 하는 인류의 공동 목표를 일컫는다. '2030 지속가능발전 의제'라고도 하는 이 공동의 목표가 내건 슬로건은 "단 한 사람도 소외되지 않는 것(Leave no one behind)"이다. 인간, 지구, 번영, 평화, 파트너십이라는 5개 영역에서 17개 목표와 169개 세부 사항을 제시하며, 선진국은 물론이고 개발도상국과 저개발국가 모두 인류의 지속가능한 발전과 번영을 위해 노력할 것을 촉구한다.

　　UN의 SDGs 가운데 특히 물과 위생의 보장 및 지속가능한 관리(목표 6), 지속가능한 에너지 제공(목표 7), 지속가능한 경제성장 및 양질의 일자리와 고용 보장(목표 8), 기후변화에 대한 영향 방지와 긴급 조치(목표 13), 해양, 바다, 해양자원의 지속가능한 보존 노력(목표 14), 육지생태계 보존과 삼림 보존, 사막화 방지, 생물다양성 유지(목표 15), 평화적·포괄적 사회 증진, 모두가 접근 가능한 사법제도와 포괄적 행정제도 확립(목표 16), 국가 간 글로벌 파트너십 활성화(목표 17) 등은 ESG를 통해 추구하는 사회적 가치와 맞닿아 있다.

통상, 시장에서의 ESG 개념은 **1987년 「브룬틀란 보고서」**에 언급된 지속가능한 발전을 뒷받침할 토대로 제시되었다고 볼 수 있다. 기업이 이전부터 추구해 왔던 사회적 책임인 CSR과 별개의 논의가 아니라 확장된 형태로서 사회적 가치 추구를 의미한다. 즉, 시장에서의 기업의 가치와 기업에 투자할 근거를 제시하는 인식의 전환이라고 할 수 있다.

「브룬틀란 보고서」 이후 1992년 브라질 리우데자네이루에서 열린 UN 환경개발회의에서 지구의 환경문제와 지속가능한 발전을 위한 '리우선언', 그리고 세부 행동 지침을 담고 있는 '의제21(Agenda 21)'을 채택하면서 유엔의 3대 환경 협약인 기후변화협약, 생물다양성협약, 사막화방지협약이 체결되었다. 이후 환경과 지속가능발전에 대한 평가와 후속 과제를 구체화하기 위한 2002년 지속가능발전세계정상회의(WSSD: World Summit on Sustainable Development)와 '요하네스버그 선언' 등이 잇달았다(http://ncsd.go. kr/ 참조).

이은선과 최유경(2021)은 사회적 가치와 ESG 논의의 흐름을, UN 차원의 국제적 논의와 민간 차원에서의 논의를 함께 고려해 다음과 같이 정리했다. 1987년 「브룬틀란 보고서」를 시작으로 UN 차원의 1992년 리우선언, 2006년의 UN PRI 도입, 2015년 SDGs 발표 등을 주요 변곡점으로 보고 있다. UN 차원에서의 논의와 민간 차원에서의 ESG 논의는 비슷한 맥락에서 함께 진행되어 온 것을 알 수 있다. 특히 2015년 UN의 SDGs 발표 이후 민간 차원에서 GRI 스탠더드가 발표되고(2016), 2018년 EU에서 비재무정보 공개 지침을 도입하는 등 최근에는 민간 차원에서의 논의가 더 활성화되는 양상이다. EU에서는 2020년 순환경제 플랜 2.0을 공개했으며, 국내에서도 한국판 뉴딜 종합계획(2020.7)과 『한국형 녹색채권안내서』(2020.12)가 발표되기도 했다. 2021년에는 ESG가 다보스 어젠다로 채택되었고, 국제회계기준(Internaional Financial Reporting Standards, 이하 IFRS)에서도 지속가능성에 대한 공시 기준을 추진하면서 각국은 개별 기관에 따라 서로 다른 ESG 기준을 통합하면서 통일된 국제표준을 도입하고 있다. 〈그림 2-6〉은 ESG 논의의 흐름을 한눈에 볼 수 있게 정리한 것이다.

CSR, CSV, ESG에 대한 개념과 목적은 〈표 2-5〉와 같다. CSR이 기업의 사회공헌 활동을 통한 사회적 책임의 실천을 강조한 측면이 있다면, CSV는 기업이 하나의 경영 전략으로 사회적 가치와 기업의 경제적 가치를 동시에 추구한다는 점에서 차이를 보인다. 또한 ESG는 장기적 관점에서 환경, 사회, 지배구조 등 지속가능성에 초점을 두고 비재무적 요소를 관리하는 투자 전략의 하나로 기능한다는 점이 다르다. 따라서 CSR이 기업의 이

그림 2-6 사회적 가치와 ESG 논의의 흐름

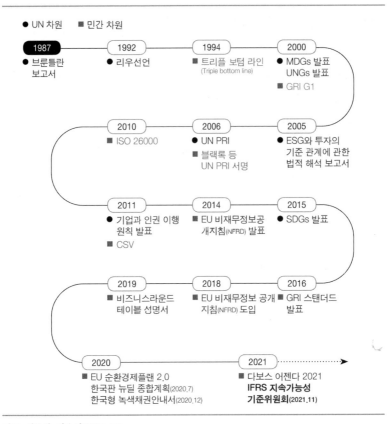

자료: 이은선·최유경(2021: 31).

해관계자 관점이라면 CSV는 기업과 지역사회의 관점, ESG는 투자자의 관점에서 논의되고 있다. 결국 각각의 목적과 관점의 차이로 인해 CSR은 기업 활동과 거리가 있는 사회공헌 활동까지 포함하는 형태로 발전되어 온 반면, CSV는 기업의 신규 사업 아이템과 연계해 수익을 창출하는 모델로 활용되고 있다. 그러나 두드러진 성과를 보이기에는 한계가 있다. 이와 달리 ESG는 기업에 대한 평가 기준과 지표를 통해 지속가능경영의 필요성을

표 2-5 CSR, CSV, ESG 비교

	CSR	CSV	ESG
개념	기업의 사회적 책임	공유가치창출	환경, 사회, 지배구조에 관한 비재무적 요소
목적	기업의 책임이 주주에 한정되는 것이 아니라 기업 활동에 관계된 이해관계자까지 포함하고 있으며, 이에 부합하는 자발적인 기업 활동을 추구	기업의 가치사슬 내에서 사회적 가치를 창출할 수 있는 사업 아이템을 발굴하고 이를 기업의 경영전략에 반영함으로써 사회적 가치와 경제적 가치를 동시에 추구	장기적 관점에서 기업이 안정적으로 수익을 창출하고 지속가능성을 위해 환경, 사회, 지배구조 등 기업의 비재무적 요소를 관리하는 투자리스크 관리 전략
관점	기업의 이해관계자	기업과 지역사회	투자자
현황	CSR 개념이 다층적으로 논의되고 있지만, 현실적으로는 사회공헌 활동이 다수를 차지하고 있고, 기업의 고유한 사업 목적과 별개의 사회공헌 활동으로 인식되고 있음	해외에서는 CSR을 지칭하는 용어로 기업에서 먼저 사용해 CSR과 크게 다르지 않다고 평가 받았으나, 국내에서는 CSR과 다른 혁신적 개념으로 논의되었음	2006년 이후 단계적으로 확산되어 관련 연구가 활발히 진행되고 있으며, 국내에서도 기존의 CSR, CSV와 다른 새로운 개념으로 인식되면서 2025년부터 상장사의 ESG 공시가 의무화됨
특징	실제로 CSR 활동은 기업의 수익 활동과 무관한 경우가 많으며, GRI 보고 양식이나 ISO26000 등의 실행지침이 마련되어 있음	기업의 신규 사업 아이템과 연계하는 등 전략적인 수익창출 모델로 활용	ESG 평가 기준 및 관련 지표와 데이터를 수집, 제공하는 글로벌 평가기관이 있으며, 지속가능경영차원에서 중대성 평가에 중점을 두고 있음

자료: 이은선·최유경(2021: 20).

확산하는 동시에 더 나은 기업 환경을 위한 실천, 지배구조의 투명하고 민주적인 개선 등 많은 변화를 나타내고 있다.

2. ESG 구체적 내용: 환경-사회-지배구조

ESG는 환경(environmental), 사회(social), 지배구조(governance)의 영문 첫 글자로, 기업의 지속적인 성장과 발전, 생존을 위한 핵심 가치라고 할

그림 2-7 ESG 주요 내용

자료: 한국거래소(KRX) ESG.

수 있다. 최근 코로나19 팬데믹으로 기업 활동에 대한 패러다임이 바뀌면서 환경 중심의 기업운영, 사회공헌, 투명한 지배구조의 필요성 등이 강조되고 있다. 외부의 환경 변화에 따라 사회적 요구가 커지면서 기업의 운영방식 자체가 변화된 것인데, 기업 활동과 기업이 추구하는 이익이 사회적 요구에 따를 수밖에 없기 때문이다(Benabou and Tirole, 2010). 또한 ESG를 통해 기업이 이해관계자를 비롯한 사회구성원의 신뢰를 형성할 수 있기 때문에 기업 평가와 투자 기준의 핵심 요소라고 할 수 있다.

물론 ESG 개념은 규범적 관점이나 도구적 관점, 정치적 관점, 통합적 관점에 따라 다양하게 해석될 수 있다(Rasche, Morsing and Moon, 2017). 규범적 관점에서 ESG는 사회적 가치 측면에서 더욱더 바람직한 정책을 추구해야 하고, 이를 위한 의사결정과 기업 활동을 해야 한다는 의미로 기업이 준수해야 할 하나의 의무로 이해할 수 있다. 도구적 관점에서 ESG는 기업의 사회적 책임과 사회공헌 활동, 환경과 사회적 이슈에 대한 준수 등을 기업의 투자 형태로 보는 것이며, 기업경영 전략 차원에서 적절한 비용 부담과 투자 수준을 결정해야 하는 것으로 이해할 수 있다(McWilliams and

Siegel, 2001). 정치적 관점은 정부가 환경과 사회적 가치 추구 역할을 수행할 수 없거나 혹은 실천할 의지가 없을 경우에 기업이 공공의 영역에서 그 역할을 대신하는 형태로 이해하는 것으로, ESG를 정치적 이해관계 속에서 파악한다(Scherer et al., 2016). 다음에서는 ESG를 구성하는 환경, 사회, 지배구조의 세부 내용을 살펴보고자 한다.

1) ESG의 환경적 측면: Environment

환경에 대한 관심과 중요성에 대해서는 오래전부터 다양한 형태로 논의되어 왔지만, 특히 1984년 인도 보팔에서 일어난 유독가스 누출 사건[1]이나 1990년 알래스카 해안가에서 대형 유조선 좌초로 발생한 대규모 기름 유출 사건[2] 등을 계기로 더욱 활발해졌다.

기업 활동이 전 지구적인 환경 문제를 일으킬 수 있다는 우려가 커지면서 비정부기구들은 지속적으로 기업 활동 과정에 대한 투명한 정보공개를 요구했다. 또한 유럽과 미국의 시민단체가 대규모 불매운동을 벌이면서

---

[1] 1984년 12월 인도 중부 마디아프라데시주의 주도(主道)인 보팔시에서 화학약품 제조회사인 미국의 유니언 카바이드(Union Carbide India Ltd) 화학 공장에서 농약의 원료로 사용되는 아이소사이안화메틸(MIC)이라는 유독가스 약 42톤이 누출된 사고이다. 이 사고로 보팔시 주민 약 50여 만 명 중 20만 명 이상이 유독가스 피해를 본 것으로 추정된다. 인도 정부에서는 3500여 명이 사망했다고 공식 발표했다. 인도의료연구협회에서는 사고 발생 10년 동안 약 2만 5000여 명이 사망한 것으로 집계하고 있다(조일준, 2014).

[2] 1989년 3월, 미국 알래스카의 프린스윌리엄만 북방에서 엑손 발데즈호(Exxon Valdez)가 좌초하면서 원유 약 3만 6000톤이 유출된 사건이다. 약 1990km에 이르는 해안선을 오염시켰으며, 각종 바닷새 25~50만 마리, 해달 2800~5000마리, 독수리 250마리 등에 피해를 입힌 역사상 최악의 해양 오염 사건 중 하나이다. 이 사건으로 인해 1990년 미 의회는 기름 유출 사고 복구와 보상 등을 위한 '해양기름오염방지법'을 통과시켰으며, 비윤리적 경영에 대한 사회적 필요성이 강하게 제기되었다(미국 환경보호청 홈페이지, https://www.epa.gov/oil-spills-prevention-and-preparedness-regulations 참조).

기업의 사회적 책임에 대한 관심이 커졌다.

대표적인 사례가 1997년 미국의 비영리 환경단체인 환경책임경제연합(CERES: Coalition for Environmentally Responsible Economies)이 제작한 「글로벌 지속가능보고서(GRI: Global Reporting Initiative)」이다. 이 보고서는 기업 경영에서 환경과 사회 문제에 대한 기업의 책임이 필요하다고 강조했다. 이후 UNEP는 해당 보고서를 「기업의 사회적 책임 경영과 기업의 지속가능 보고서」를 위한 가이드라인으로 삼는다.

앞서 살펴본 바와 같이 국제적 차원에서도 1987년 UN의 세계환경개발위원회(World Commission on Environment and Development, 이하 WCED)에 「브룬틀란 보고서」가 제출되고, 1987년 UNEP와 WCED가 공동으로 「우리의 공동미래(Our Common Future)」 보고서를 채택하면서 지속가능한 발전의 중요성에 대한 논의가 전 세계적으로 본격화되었다.

글로벌 환경 이슈는 유럽연합(European Union, 이하 EU)에서도 활발히 논의되어 정책적으로 강력히 추진되었다. 최근 EU 집행위원회에서는 2050년까지 기후 중립을 달성하겠다는 목표를 제시한 바 있으며, 이를 위해 투자자들이 지속가능한 기술과 기업에 투자하도록 촉구하고, 포괄적 프로그램을 채택했다. 이른바 탄소중립(carbon neutrality) 또는 탄소제로(zero carbon emission)로 불리는 이 정책은 인류가 배출하는 대기의 탄소를 포집·제거해 그 합계를 0으로 만들려는 정책이다. 전 지구적인 기후변화 위기에 대응하기 위해 250여 개 나라가 파리기후변화협약에서 지구의 평균기온을 산업화 대비 1.5°C 이하로 억제하기로 한 데 기초한다. 탄소배출권, 탄소국경세 등 다양한 탄소 절감 방안이 논의되어 왔으며, EU에서는 2050년까지 탄소중립을 달성할 것을 제시한 2019년 이래로 연평균 130조 원을 투자해 온실가스 등 탄소 절감을 추진하고 있다. 미국 역시 2020년 7월에

2050년까지 넷 제로(net zero) 달성을 결의하여, 에너지 전환과 기후변화 대응 인프라에 4년간 약 2조 달러를 투자할 계획이라고 밝혔다. 한국은 2020년 한국판 그린뉴딜 정책에 탄소중립 목표가 포함되었고, '2050 탄소중립'을 선언한 바 있다(강찬수·김정연, 2020).

EU의 녹색산업 분류체계인 EU 택소노미(EU Taxonomy)는 EU에서 실행되는 '녹색' 또는 '지속가능한' 경제활동을 분류하는 프레임워크로 볼 수 있다. 이전에는 녹색, 지속가능 또는 환경 친화적인 경제활동에 대한 명확한 정의가 없었지만, EU 택소노미 규정을 통해 개념을 명확히 하고 기업이 지속가능하거나 환경 친화적으로 운영되는 시기 또한 명시적으로 제시하고 있다. 특히 환경 친화적인 기업 활동과 기술개발에 대해 보상을 촉진해야 한다는 내용도 포함하고 있다. EU 택소노미가 제시하는 6가지 주요 환경 목표(environmental objectives)는 ① 기후변화 완화(climate change mitigation), ② 기후변화 적응(climate change adaptation), ③ 물과 해양자원의 지속가능한 사용과 보호(sustainable use and protection of water and marine resources), ④ 순환경제로의 전환(transition to a circular economy), ⑤ 오염방지 및 관리(pollution prevention and control), ⑥ 생물다양성 및 생태계 보호 및 복원(protection and restoration of biodiversity and ecosystems) 등이다.[3] 따라서 기업의 경제활동은 이 6가지 환경 목표 중 하나에 기여해야 하며, 특히 기업의 경제활동이 6가지 환경 목표에 대해 "중대한 피해가 없어야 한다(does no significant harm, DNSH)"라는 것을 기본 원칙으로 삼고 있다. 또한 EU 택소노미는 기업의 경제활동이 '기업과 인권에 관한 UN의 가이드 원칙(UN Guiding Principles on Business and Human Rights)'과 같은 최소한

---

3   https://eu-taxonomy.info/info/eu-taxonomy-overview.

의 안전장치를 충족하여 사회적으로 부정적인 영향을 미치지 않도록 해야 한다는 점을 강조한다.

이와 같은 EU 택소노미의 내용들은 ESG에 대한 규제 입법 형태로 평가 받고 있으며(한민지, 2021), 지속가능한 경제체제로 전환하기 위해 강력한 제도적 장치를 마련한 것으로 볼 수 있다. 결론적으로 EU 택소노미는 지속 가능한 기업의 경제활동을 설정하는 일종의 분류 시스템이라 할 수 있고, 지속가능한 투자와 유럽의 녹색 거래를 실현하기 위한 토대로 작용하고 있 다. 무엇보다 EU 택소노미는 기업과 투자자들뿐만 아니라 정책입안자들에 게도 통일된 개념적 정의를 제공함으로써 각각의 의사결정에 도움을 주고 있으며, 기업이 실질적인 지속가능 체제를 실현할 수 있도록 가이드라인을 마련해 준 것으로 볼 수 있다. 또한 EU 택소노미를 기반으로 환경 및 시민 사회에 부정적인 영향을 미치는 기업 활동을 적극적으로 제재하고 징벌적 조치를 취하는 형태가 아니라 투자자들에게 올바른 투자 기준을 알려줌으 로써 기업의 변화를 유도하는 방식으로 평가받고 있다(한민지, 2021).

우리나라에서도 2021년 '기후위기 대응을 위한 탄소중립·녹색성장 기 본법'(약칭 '탄소중립기본법' 또는 '녹색성장기본법')이 제정되어 시행 중이다.

이 법은 기후위기의 심각한 영향을 예방하기 위하여 온실가스 감축 및 기후위기 적응대책을 강화하고 탄소중립 사회로의 이행 과정에서 발생할 수 있는 경제적· 환경적·사회적 불평등을 해소하며 녹색기술과 녹색산업의 육성·촉진·활성화 를 통하여 경제와 환경의 조화로운 발전을 도모함으로써, 현재 세대와 미래 세대 의 삶의 질을 높이고 생태계와 기후체계를 보호하며 국제사회의 지속가능발전 에 이바지하는 것을 목적으로 한다"[제1조(목적)].

또한 이 법은 탄소중립 사회로의 이행과 녹색성장을 위해 몇 가지 원칙을 제시하고 있는데,[4] 미래세대의 생존 보장과 세대 간 형평의 원칙, 정의로운 탄소중립으로의 전환, 탄소중립 사회로의 이행과 녹색성장 추진 과정에서 모든 국민의 민주적 참여 보장 등을 강조한다.

한국기업지배구조원이 제정한 기업 비즈니스 영역에서의 모범규준 가운데 기후변화를 보면, 기업 활동에서 물리적 위험이나 전환적 위험과 같은 위험 요인과 함께 자원의 효율성 증진, 에너지원의 다각화 등 기회 요인

---

4 탄소중립기본법 제3조(기본 원칙) 탄소중립 사회로의 이행과 녹색성장은 다음 각호의 기본원칙에 따라 추진되어야 한다.
  1. 미래세대의 생존을 보장하기 위하여 현재 세대가 져야 할 책임이라는 세대 간 형평성의 원칙과 지속가능발전의 원칙에 입각한다.
  2. 범지구적인 기후위기의 심각성과 그에 대응하는 국제적 경제환경의 변화에 대한 합리적 인식을 토대로 종합적인 위기 대응 전략으로서 탄소중립 사회로의 이행과 녹색성장을 추진한다.
  3. 기후변화에 대한 과학적 예측과 분석에 기반하고, 기후위기에 영향을 미치거나 기후위기로부터 영향을 받는 모든 영역과 분야를 포괄적으로 고려하여 온실가스 감축과 기후위기 적응에 관한 정책을 수립한다.
  4. 기후위기로 인한 책임과 이익이 사회 전체에 균형 있게 분배되도록 하는 기후정의를 추구함으로써 기후위기와 사회적 불평등을 동시에 극복하고, 탄소중립 사회로의 이행 과정에서 피해를 입을 수 있는 취약한 계층·부문·지역을 보호하는 등 정의로운 전환을 실현한다.
  5. 환경오염이나 온실가스 배출로 인한 경제적 비용이 재화 또는 서비스의 시장가격에 합리적으로 반영되도록 조세체계와 금융체계 등을 개편하여 오염자 부담의 원칙이 구현되도록 노력한다.
  6. 탄소중립 사회로의 이행을 통하여 기후위기를 극복함과 동시에, 성장 잠재력과 경쟁력이 높은 녹색기술과 녹색산업에 대한 투자 및 지원을 강화함으로써 국가 성장동력을 확충하고 국제 경쟁력을 강화하며, 일자리를 창출하는 기회로 활용하도록 한다.
  7. 탄소중립 사회로의 이행과 녹색성장의 추진 과정에서 모든 국민의 민주적 참여를 보장한다.
  8. 기후위기가 인류 공통의 문제라는 인식 아래 지구 평균 기온 상승을 산업화 이전 대비 최대 섭씨 1.5도로 제한하기 위한 국제사회의 노력에 적극 동참하고, 개발도상국의 환경과 사회정의를 저해하지 아니하며, 기후위기 대응을 지원하기 위한 협력을 강화한다.

그림 2-8 넷플릭스의 2021년 기업 활동별 탄소 발자국

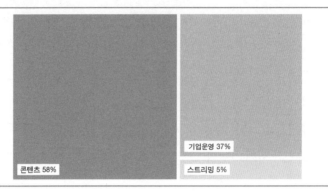

콘텐츠 58%

기업운영 37%

스트리밍 5%

자료: 넷플릭스 ESG 리포트(2021), https://s22.q4cdn.com/959853165/files/doc_downloads/2022/
03/30/2021-SASB-Report-FINAL.pdf.

을 제시하고 있다. 이를 통해 기업이 기후변화에 적극적으로 대응할 수 있
도록 하며, 특히 기후변화 관련 소송과 같은 위험 요인을 전환적 위험으로
판단해 ESG 지표에 부합하지 않는 그린워싱(greenwashing)으로 인해 발생
할 수 있는 소송에 대해서도 기후 소송으로 볼 수 있게 한다(한민지, 2021).

　콘텐츠를 생산·유통하는 미디어 기업의 경우는 기후변화나 범지구적인
환경에 대한 위험 요소가 낮은 것으로 볼 수 있지만, 많은 미디어 기업이
ESG 경영을 추구하고 있다. 이 중 환경적 요인에 대해서도 탄소중립을 위
해 적극적으로 노력하고 있다.

　가장 대표적인 글로벌 OTT 기업인 넷플릭스의 경우, 2022년 말까지 온
실가스 순 배출 제로(net zero greenhouse gas emissions) 달성을 목표하고 있
다.[5] 넷플릭스는 과학 기반 목표에 따라 2019년 대비 2030년까지 탄소 배
출량을 45% 줄이고, 수변 및 수중 삼림 보호 활동과 탄소 제거를 위한 글

5　넷플릭스 ESG 리포트, https://ir.netflix.net/governance/ESG/default.aspx.

그림 2-9 넷플릭스의 2030 저탄소 전환 계획

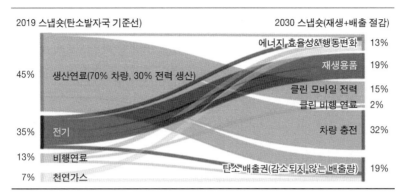

자료: 넷플릭스 ESG 리포트(2021), https://ir.netflix.net/governance/ESG/default.aspx.

로벌 프로젝트에 투자할 계획임을 밝혔다.

2020년 기준으로 넷플릭스의 탄소발자국은 약 100만 미터톤(metric ton) 으로 보고되었는데, 이 중 약 58%가 콘텐츠를 실제로 제작하는 과정에서 발생하며, 그다음으로 탄소 배출이 많은 부문은 기업운영과 제품 구매 영역(37%)이다. 그리고 나머지 5%의 탄소발자국은 스트리밍 서비스를 위해 이용하는 네트워크 전송 과정에서 발생한다.

넷플릭스는 2021 ESG 보고서를 통해 2030 저탄소 전환 계획을 밝혔다. 이 보고서는 2030년까지 필요한 탄소 배출량 감소 비율을 제시하고 있다. 예를 들어 〈그림 2-9〉를 보면 2030년 목표 달성을 위해, 2019년 기준 탄소발 자국의 35%를 차지하는 전기로 인한 탄소 배출량을 재생에너지(renewable resources)를 통해 절감할 계획이다.

넷플릭스는 이와 같은 저탄소 전환 계획이 저감(reduce)-보존(retain)-제거(remove) 등 3단계로 진행될 것이라고 밝혔다. 저감 정책은 기업 내부에서 발생하는 탄소 배출량을 줄이고, 공급업체 등 파트너십에서 발생하는

간접적 탄소 배출에도 적극적으로 관심을 기울여 대응할 계획이라고 한다. 보존 계획은 앞서 기술한 바와 같이 삼림 생태계 등 기후변화에 대한 다양한 프로젝트에 투자해 자연의 기존 탄소 저장 능력을 보존하는 형태로 추진할 계획이다. 마지막으로 제거 단계에서는 자연생태계 복원과 재건을 통해 대기 중 탄소를 제거하는 방식으로 추진할 계획이라고 한다.

2) ESG의 사회적 측면: Social

ESG 중 사회(social) 지표는 기업의 사회적 책임이나 사회적 가치와 비슷한 의미로 이해할 수 있다. 기존 기업의 사회적 책임을 강조하는 CSR이 기업 활동과 별개로 진행되는 자발적 봉사활동이나 문화 예술 후원 같은 사회적 공헌 활동과 내용 면에서 유사한 부분이 있기는 하지만 실제로 추구하는 바는 본질적으로 다르다(이형종·송양민, 2021). 앞서 살펴본 바와 같이 기업의 사회적 책임이 기업의 이익 창출과는 달리 수동적으로 진행되는 측면이 있지만, ESG의 사회적 활동은 기업 이익을 위해 필수적으로 요구되는 기업 활동이자 경영전략이므로 더 능동적이고 적극적인 지표라고 할 수 있다(한민지, 2021). 달리 말하면 기업의 CSR은 기업의 이미지 개선을 통한 브랜드 효과에 중점을 두고 있지만, ESG의 사회적 측면은 투자자의 투자 기준으로 작용하기 때문에 기업의 지속가능성을 좌우하는 생존의 문제로 이해할 수 있다. 따라서 ESG의 사회적 지표는 기업의 사회적 책임과 관련된 기업 활동뿐만 아니라 노동권 및 인권, 고용환경 등 광범위한 사항에 계량화하여 활용된다. UNEP와 UN글로벌콤팩트(UNGC)가 제시한 ESG의 사회 지표도 인권, 현대 노예, 아동 근로, 근로 조건, 근로자 관계 등을 다루고 있다.

기업의 ESG 부문 중 사회적 측면에서 가장 중요하게 다루는 사항은 노동과 인권에 대한 문제이다. 대표적인 사례가 1996년 미국의 시사 잡지인 ≪라이프(LIFE)≫ 6월 호에 실린 나이키 아동 노동착취 사진이다. 파키스탄 아동 노동을 다룬 외신 기사에 따르면, 이들은 시간당 약 60센트의 보수를 받고 나이키 축구공을 만든 것으로 알려져 전 세계적으로 나이키 불매운동을 일으켰다.

ESG 가운데 사회적 요소는 환경적 요소보다 더 큰 리스크 요인으로 작용한다. 실제 S&P 글로벌(https://www.spglobal.com)에서 공개한 미디어 분야의 환경적 위험 단계는 1단계 수준이지만, 사회적 위험 단계는 5단계로 매우 높게 평가받고 있다. S&P 글로벌에서는 미디어 부문에 환경적 위험 요소가 거의 없다고 평가하고 있다. ESG 중 환경적 요인을 보면 대부분 원자재와 폐기물에 관한 것이기 때문에 미디어 부문은 상대적으로 위험 요소가 낮다고 판단한다. 방송이나 영화, 광고 대행사의 경우 인적 자본을 통한 IP 개발에 중점을 두고 있으며, 통신 네트워크를 활용해 콘텐츠를 제공하는 구조이기 때문이다. 그러나 콘텐츠를 제작하고 배포하는 미디어 기업 역시 환경적 요인, 사회적 요인, 거버넌스 요인을 다각적으로 아우른 ESG 추진 전략을 실제로 구상하고 있다.

미디어 부문의 사회적 위험에는 IP 도난, 콘텐츠 규제, 소셜미디어가 포함된다. 특히 IP에 대한 리스크 요인 때문에 많은 미디어 기업들이 독점 IP 개발에 치중하고 있는데, 이는 미디어 기업의 사회적 평판과 경쟁 우위, 미래의 수익성을 위한 전략적 선택으로 볼 수 있다. 이와 함께 미디어 기업은 소셜미디어와 마이크로 블로깅을 통해서도 콘텐츠가 급속히 확산되고 있기 때문에 광고PR에서도 유명 인사들의 사회적 이슈가 리스크 요인으로 작동하게 된다. 또한 콘텐츠 규제나 방송 인력 구성, 이용자의 개인정보보

표 2-6 BBC의 다양성과 포용 계획

(단위 %)

측정	대상	2015~2016	2019~2020	2020년 목표	새로운 목표
성별	전 직원	48.7	48.3	50	50
	임원진	41.4	45.0	50	50
BAME (흑인, 아시아인, 소수민족)	전 직원	13.4	15.1	15	20
	임원진	9.2	11.9	15	20
장애인	전 직원	3.6	9.4	8	12
	임원진	2.8	8.0	8	12
성소수자(LGBTQ+)	전 직원	없음	8.8	8	직장 내 50% 이상
	임원진	없음	8.9	8	직장 내 50% 이상

주: 성소수자 비율은 BBC 자체 연례 직원 설문조사에서 자신의 LGBTQ+ 정체성을 상사에게 공개
한 비율을 의미한다.
자료: BBC, https://www.bbc.com/diversity/documents/bbc-diversity-and-inclusion-plan20-23.
pdf.

호 조치, 데이터 보안 등이 주요 사회적 위험으로 제기되고 있으며, 이와 같
은 사회적 위험 요인들은 미디어 경영에서 비용 부담으로 작용할 수 있다.

미디어 부문에서 ESG의 사회적 측면을 가장 모범적으로 추진하고 있는
기업은 영국의 BBC라고 할 수 있다. BBC에서는 '다양성과 포용(Diversity
& Inclusion)' 정책을 통해 내부 조직의 문화 개선을 매우 중요하게 고려하
고 있다. 실제 대규모 온라인 서베이와 포커스그룹의 인터뷰, 면 대 면 심
층 인터뷰를 통해 조직 내의 다양성과 포용 문화를 진단하고, 적극적인 의
견 청취와 피드백 문화를 강화하고 있다. BBC가 추구하는 다양성은 단순
히 서로 다른 능력을 가진 사람들을 적정한 비율로 선발하는 것이 아니라
개인의 특성과 아이덴티티에 따라 각각의 다름을 이해하는 것이다. 또한
BBC는 비즈니스 관점에서 다양성을 고려하는 것이 아니라, 해결해야 할
문제를 인식하고 각 구성원의 개성을 존중함으로써 지속적인 참여와 창의

표 2-7 BBC의 다양성과 포용에 대한 목표

성별 50%	인종 20%	장애인 12%	성소수자	사회경제적 다양성
인력 구성의 모든 차원에서 젠더 균형 추구	흑인, 아시아인 및 소수민족에 대한 비율을 20%까지 높이는 것	장애인 직원과 논의 후 2022년까지 12%까지 장애인 비중 달성 목표	직장 내 LGBTQ+ 정체성을 보장하고 50% 이상을 목표로 함.	구성원의 사회경제적 지위의 다양성을 파악(80% 목표)하고 이를 통해 새로운 정책 추진

자료: BBC, https://www.bbc.com/diversity/documents/bbc-diversity-and-inclusion-plan20-23.pdf.

성을 이끌어내는 전략을 추구하고 있다. 다만 대표성 측면에서 단순한 구성 비율 및 숫자에 구속되는 것이 아닌, 서로 다름을 중심으로 만들어진 문화적 관점을 중시한다.

〈표 2-6〉은 '다양성 및 포용 전략 2016~2020'에 명시된 세부 목표치와 달성률을 보여준다. 젠더 균형 부분에서는 모든 직원을 대상으로 했을 때 48.3%, 임원진을 대상으로 했을 때 45.0%의 균형을 달성하고 있다. BAME(Black, Asian and Minority Ethnic) 부분에서는 전 직원의 경우 2020년 목표치인 15%를 달성했으며, 임원진의 경우는 11.9%를 달성했다. BBC는 이 부문 비율을 20%까지 높이는 것을 새로운 목표로 제시했다. 장애인 부문의 다양성은 목표치인 8%를 이미 달성했으며, 12%를 새로운 목표로 삼고 있다. 성소수자(LGBTQ+) 비율 역시 목표치를 달성했으며, 향후 50% 수준까지 높이겠다는 목표를 제시하고 있다(〈표 2-7〉).

사회 분야에서 ESG 경영을 성공적으로 정착시킨 사례는 애플(Apple)에서 찾을 수 있다(중소기업 연구원, 2021). 애플은 전 세계 협력 업체들의 근로조건과 인권 문제(근무시간, 안전, 근로 환경 등), 교육 사항(건강이나 기술 등), 환경보호(협력 업체의 탄소 배출량 감축) 등에 대한 실행 방안을 마련하여 2007년부터 평가하고 있다.

애플이 공개한 「Apple 공급망에 속한 사람과 환경」 2022년도 연간 경과 보고서[6]에서 노동권 및 인권에 대해 근로자들의 의견 경청과 수렴 체계, 근무 환경 만족도 개선 현황, 인권 및 환경보호 단체 지원 내역, 책임감 있는 채용 현황을 자세히 소개했다.

노동권 및 인권 수칙과 관련해 "협력 업체는 채용이나 기타 고용 관행과 관련해 나이, 장애, 민족, 성별, 혼인 여부, 출신 국가, 정치 성향, 인종, 종교, 성적 취향, 성정체성, 노조 가입 여부, 또는 관련 국가법이나 지역법의 보호를 받는 그 밖의 다른 사항을 근거로 직원을 차별해서는 안 된다"라고 규정하고 있다(Apple, 2022). 또한 협력 업체는 15세 미만, 그리고 해당 국가의 최소 법정 근로 가능 연령, 의무교육 수료 완료 연령 가운데 가장 높은 연령을 기준으로 미성년자의 노동을 금지하고 있다. 노동자의 근로시간 역시 초과 근무시간을 포함해 주당 60시간으로 제한하고 있으며, 최소 주 1회 휴무를 제공해야 한다고 규정하고 있다. 비자발적인 노동은 엄격히 금지되며, 청소년 근로자에 대한 보호 조치를 마련해야 한다. 이와 함께 임금, 복리후생, 계약관계는 반드시 해당 지역의 법률에 따라야 하며, 직장 내 괴롭힘 및 학대 금지, 결사의 자유와 단체교섭권을 보장하도록 규정하고 있다.

애플은 전 세계 50개 이상의 국가와 지역에서 운영되고 있는 협력 업체를 독립된 외부 감사관에서 지속적으로 모니터링하도록 하며, 노동권 및 인권에 대한 준칙 마련을 계약 체결 이전부터 협력 업체에 요구하고 있다(Apple, 2022).

---

6   보고서의 전체 내용은 다음 링크 참조. https://www.apple.com/kr/supplier-responsibility/pdf/Apple_SR_2022_Progress_Report.pdf.

국내에서는 2022년 1월 '공공기관 노동이사제'를 도입하는 '공공기관의 운영에 관한 법률'이 국회를 통과했다. 공기업과 공공기관은 비상임이사 중 1명을 노동자 대표의 추천이나 동의를 받은 사람으로 선임해야 한다는 내용을 담고 있다. 공공기관 노동이사제는 8월부터 시행되었다. 여기서 말하는 '노동이사제'는 근로자 대표가 이사회에 참여해 기업 경영자 중심의 의사결정을 견제하고, 경영 투명성 강화로 기업 발전을 도모하기 위해 독일 등 유럽 각국에서 도입 운영 중인 제도를 의미한다. 노동이사는 일반 비상임이사와 동일한 권한 및 책임을 갖는다(기획재정부, 2022).

글로벌 기후위기와 환경 변화에 적극적으로 대응하기 위해 기업이 추구하는 ESG 경영 전략은 자칫 탄소 배출량이 많은 산업에 종사하는 노동자들의 실업과 빈곤이라는 새로운 사회 문제를 야기할 수 있다. 기업이 ESG 실천을 위해 기후변화와 환경 문제를 더욱 적극적으로 주요 경영 전략으로 삼더라도, 기존 산업의 탈탄소화 전환이 새로운 사회 문제를 야기하지 않도록 '정의로운 전환'을 이루기 위해 노력해야 한다(한민지, 2021).

3) ESG의 거버넌스 측면: Governance

ESG를 통해 기업과 조직이 추구하는 바는 비재무적 성과의 판단 기준을 제시하는 것이다. 전통적인 자본주의 체제에서 기업의 가치는 재무적 성과를 근거로 평가되어 왔지만, 이제는 기업의 사회적 책임과 지속가능성에 기초한 새로운 가치 기준이 정립된 것이다. ESG의 거버넌스 부문은 기업의 지배구조, 이사회, 주주 및 이해관계자에 대한 정책, 정치 후원과 로비, 조세 전략 등의 내용을 담고 있다. 이 부문은 투명한 정보공개를 기반으로 주주의 권리 보장과 이해관계자들과의 신뢰 형성 및 강화, 책임경영을 위한 기반 구축, 건전한 지배구조 확립을 핵심 목표로 한다. 기본적으로 기업에 대한 투자자와 주주들의 주요 관심은 기업의 경영 성과를 비롯해 리스크 관리와 지속가능성을 어떻게 담보할 것인지에 있기 때문이다.

기업의 지배구조는 "회사를 관리하고 지배하는 체계"로 정의할 수 있는데, 이는 영국의 기업지배 모범규준인 캐디버리(Cadbury)위원회에서 정의한 것으로 알려져 있다(원동욱, 2015). 이에 관한 논의에는 기업 이사회의 역할과 기업가치를 창출할 수 있는 전략이 포함된다.

국내에서 기업의 지배구조 개선과 관련해 본격적으로 변화 양상이 나타난 것은 1997년 외환위기를 거치면서부터이다. 당시 정부는 재벌 개혁의 일환으로 기업의 지배구조에 대한 모범규준을 제정한다. '기업지배구조 모범규준' 제정 과정을 살펴보면, 1998년 3월 기업지배구조 개선위원회와 자문위원회가 발족하여 같은 해 9월까지 8차 개선위원회 회의와 5차 자문위원회 합동 회의 및 공청회, 일반인 의견 수렴 등을 거쳐 모범규준을 확정해 발표했다. 이후 2002년 6월 개선위원회를 확대·발족하고, 연구위원회의 논의를 통해 모범규준 개정안을 2003년 2월에 확정해 공개했다.

'기업지배구조 모범규준'은 기업의 신뢰를 높이기 위해 경영의 투명성과 효율성을 향상할 수 있는 바람직한 기업지배구조의 방향을 제시하기 위해 마련되었다. 또한 기업의 투명한 운용과 책임경영을 기반으로 창조적이고 진취적인 기업가 정신을 발휘할 수 있는 경영체제를 확립하기 위함이다. 이는 시장에서 생기는 다양한 이해관계자의 이해(利害)를 합리적으로 조정함으로써 비용 부담을 줄이고, 기업이 경쟁력을 강화할 수 있도록 공정경쟁의 토대를 마련하며, 기업의 장기적인 발전을 위해 구성원의 윤리의식과 기업의 사회적 책임이 필요하다는 인식에 기초한다. 이 모범규준은 전문(前文)과 5개 본문(주주, 이사회, 감사기구, 이해관계자, 시장에 의한 경영

감시), 권고사항으로 구성되며, 기업이 이 모범규준을 토대로 지배구조를 자발적으로 설계·운용할 수 있도록 했다.[7]

기업지배구조에 대한 해외 주요 국가들의 모범규준들은 최근 ESG 정책에 반영되고 있다. 유럽에서는 이미 2014년 ESG 정보 공시를 법적으로 의무화했으며, 2021년에는 '지속가능금융 공시 규제(SFDR: Sustainable Finance Disclosure Regulation)'를 기반으로 금융회사의 정보공개를 의무화함으로써 자본시장에서의 투자자 보호에 적극적으로 나서고 있다.

한국기업지배구조원 역시 2021년 3월 'ESG 모범규준'을 발표한 바 있다. 이 모범규준에는 ESG가 추구하는 지속가능성과 전 지구적인 환경보호를 위한 '탄소공개 프로젝트(Carbon Disclosure Project)'와 '기후 관련 재무정보공개 TF(Task Force on Climate-Related Financial Disclosures)'에 관한 내용이 담겨 있다(한국기업지배구조원, 2021). 이 모범규준은 글로벌 가이드라인에서 제시하는 자율적 정보공개를 반영하고 있으며, 새로운 환경경영 전략을 통해 기후변화에 대응할 방향성을 제시하고 있다(한민지, 2021).

한국의 기업이 실천하고 있는 ESG의 거버넌스 부문은 CSR에서 말하는 사회책임 경영 실천의 확장된 형태로 이해할 수 있다. 자본시장에서의 ESG 실현은 기업 활동에 관한 정보공개를 통해 가능할 것으로 보이며, 2021년 금융위원회에서 '기업공시제도 종합 개선방안'과 한국거래소의 'ESG 정보공개 가이던스'를 발표한 것을 계기로 상장기업의 ESG 정보공개가 점차 확대될 예정이다.

2021년 금융위원회의 보도자료에 따르면 ESG 관련 공시 가운데 현재 사업보고서는 의무 사항이며, 거래소 지배구조 보고서는 자율과 의무 사항이

---

7   세부 내용은 한국기업지배구조원 홈페이지 참조. http://www.cgs.or.kr/main/main.jsp

표 2-8 ESG 정보공개 가이던스 권고 지표

구분	조직	환경	사회
항목	ESG 대응 ESG 평가 이해관계자	온실가스배출 에너지 사용 물 사용 폐기물 배출 법규 위반, 사고	임직원 현황 안전/보건 정보 보안 공정경쟁
지표	경영진의 역할 ESG 위험 및 기회 이해관계자 참여	직/간접 배출량 직/간접 에너지 사용량 에너지 사용 집약도 물 사용 총량 폐기물 배출 총량 환경 법규 위반, 사고	평등 및 다양성 신규 고용 및 이직 청년 인턴 채용 육아휴직 산업재해 제품안전 표시·광고 개인정보보호 공정경쟁 시장지배적 지위 남용

자료: 한국거래소, http://open.krx.co.kr/.

혼재되어 있다. 또한 현재 지속가능보고서는 기업 자율에 맡겨져 있다(금융
위원회, 2021). 다만 '녹색성장기본법'에 따라 기업은 사업보고서에 온실가스
배출량, 에너지 사업량 등을 정기적으로 공시해야 하며, 녹색기업 지정은
수시로 공시하도록 되어 있다. 또한 지배구조 보고서는 2019년부터 유가
증권시장 상장법인 가운데 자산 규모 2조 원 이상 기업의 경우 거래소 공시
의무 대상에 포함되었다. 올해부터 단계적으로 확대되어 기업의 자산 총액
을 기준으로 1조 원 이상 기업이 지배구조 보고서 공시 의무 대상이 되었으
며, 2024년에는 5000억 원 이상의 기업까지 적용된다. 이 지배구조 보고서
에는 주주의 권리, 이사회 및 감사위원회의 구성 및 운영 현황, 외부 감사인
의 독립성 등에 관한 사항이 담겨 있다. 금융위원회는 상장기업의 지배구
조 현황이 투자자의 투자 판단에 중요한 영향을 미치기 때문에 공시 범위
를 점차 확대할 필요가 있다고 말한다(금융위원회, 2021).

현재 지속가능 보고서는 기업의 자율 공시 사항이지만, 해당 보고서를 발간한 뒤 자사 홈페이지에 공시하는 기업들이 점차 증가하고 있다. 2021년 금융위원회에서 밝힌 지속가능 보고서 공시에 대한 3단계 추진 계획에 따르면 1단계 자율 공시 단계를 거쳐 2025년부터는 자산 규모 2조 원 이상의 코스피 상장사에 공시 의무를 부과할 계획이며, 2030년 이후부터는 코스피에 상장된 모든 기업에 공시 의무를 부과할 계획이라고 했다. 지속가능 보고서에는 환경 관련 기회, 위기요인 및 대응계획, 노사관계, 양성평등 등 사회 이슈 관련 개선 노력 등 지속가능경영에 관련된 사항이 포함된다(금융위원회, 2021).

결국 ESG에서 거버넌스 부문이 중요한 이유는 기업의 전반적인 ESG 활동 자체가 기업 이사회의 의사결정에 따라 좌우될 수밖에 없으므로, 보다 투명한 기업의 지배구조와 민주적 의사결정 과정이 마련되어야만 많은 이해관계자의 의견이 충분히 반영된 기업경영이 가능하기 때문이다(한민지, 2021). 따라서 ESG의 거버넌스 평가에서도 ESG 경영의 목적과 내용이 이해당사자들에게 투명하게 공개되고, 민주적 의사결정 과정이 충분히 마련되어 있는지가 중요하게 고려된다. 물론 이사회 활동에 대한 평가, 임직원의 인센티브와 기업경영 성과도 거버넌스의 주요 평가지표로 활용된다.

기업의 경쟁력과 지속가능성은 기업의 지배구조가 얼마나 합리적이며, 시대적 환경 변화에 따라 유연하게 의사결정을 내릴 수 있는 경영 시스템을 제대로 갖추고 있는지에 달려 있다고 해도 과언이 아니다. 특히 최근의 전 지구적인 기후변화 속에서 기업의 성장 기회를 넓히기 위한 적극적인 의사결정이 기업의 경쟁우위에 큰 변곡점이 될 수 있다.

3. ESG 투자와 기업경영

한국거래소의 ESG 정보공개 가이던스(2021)에 따르면, ESG가 뜻하는 환경, 사회, 지배구조는 "기업의 전략을 실행하고 기업의 가치를 높이기 위한 능력에 영향을 미칠 수 있는" 포괄적 개념이다. ESG 평가기관 MSCI (Morgan Stanley Capital International)는 ESG에 대해 기업에 대한 지속가능한 투자, 사회적 책임 투자, 미션 관련 투자 또는 스크리닝과 동의어로 ESG 투자를 정의하고 있다.[8]

1970년대 이후 지속가능금융(sustainable finance)에 관한 논의가 촉발되면서 여러 개념이 진화했고, ESG도 부각되기 시작했다. 여기서 말하는 지속가능금융이란 "기업이 비용을 감수하면서도 다양한 이유로 사회에 혜택을 제공하는 행위를 자발적으로 수행하는 개념"(Benabou and Tirole, 2010)으로 이해된다. 2010년대 초반 지속가능금융은 사회적 금융을 중심으로 한 논의로 확장되었으며, 최근에는 기후 및 환경 변화, 탄소중립에 관한 어젠다 등의 영향으로 'ESG 투자' 개념과 혼용되고 있다. 즉 ESG와 관련한 기업의 리스크를 판별하는 데 지속가능한 금융이 핵심이라는 인식이 형성되었고, ESG 투자는 '사회책임 투자'나 '윤리적 투자', '임팩트 투자' 등의 개념과 혼재해 사용되고 있다.

전통적인 방식의 금융투자는 기업의 신용과 시장변화, 기업운영 등 전형적인 금융 리스크를 고려한 투자 방식이지만, ESG 투자는 기후변화와 같은 환경적 요인이나 인권, 아동 노동과 같은 사회적 요인, 기업의 지배구조 등을 기업의 리스크와 관련해 재무적 수익성과 연계시켜 반영하는 형

---

8   MSCI, msci.com.

표 2-9 한국 스튜어드십 코드 원칙

	한국 스튜어드십 코드 원칙
원칙 1	기관투자자는 고객, 수익자 등 타인 자산을 관리·운영하는 수탁자로서 책임을 충실히 이행하기 위한 명확한 정책을 마련해 공개해야 한다.
원칙 2	기관투자자는 수탁자로서 책임을 이행하는 과정에서 실제 직면하거나 직면할 가능성이 있는 이해 상충 문제를 어떻게 해결할지에 관해 효과적이고 명확한 정책을 마련하고 내용을 공개해야 한다.
원칙 3	기관투자자는 투자 대상 회사의 중장기적인 가치를 제고해 투자자산의 가치를 보존하고 높일 수 있도록 투자 대상 회사를 주기적으로 점검해야 한다.
원칙 4	기관투자자는 투자대상회사와의 공감대 형성을 지향하되, 필요한 경우 수탁자 책임 이행을 위한 활동 전개 시기와 절차, 방법에 관한 내부 지침을 마련해야 한다.
원칙 5	기관투자자는 충실한 의결권 행사를 위한 지침·절차·세부 기준을 포함한 의결권 정책을 마련해 공개해야 하며, 의결권 행사의 적정성을 파악할 수 있도록 의결권 행사의 구체적인 내용과 그 사유를 함께 공개해야 한다.
원칙 6	기관투자자는 의결권 행사와 수탁자 책임 이행 활동에 관해 고객과 수익자에게 주기적으로 보고해야 한다.
원칙 7	기관투자자는 수탁자 책임의 적극적이고 효과적인 이행을 위해 필요한 역량과 전문성을 갖추어야 한다.

자료: 한국기업지배구조원, http://www.cgs.or.kr/business/stewardship_tab02.jsp.

태이다. 따라서 ESG 투자는 해당 기업이 환경, 사회, 지배구조 부문에서 어떤 리스크에 노출되어 있는지 산출하고, 이러한 요소들에 어떤 프레임워크를 만들어 대응하고 있는지를 평가하여 투자 메커니즘에 반영하는 것이다. 국제통화기금(IMF)에서도 ESG 투자를 다양한 자산 형태에 적용될 수 있는 다차원적 평가 체계로 보며, ESG를 기업경영의 의사결정과 투자 전략에 통합하는 과정으로 보고 있다(IMF, 2019).

조대형(2021)은 2008년 글로벌 금융위기 이후 전통적인 금융구조에 대한 반성과 사회적 가치 존중 등에 공감대가 형성되면서 전 세계적으로 ESG가 주목받게 되었다고 본다. 지속가능한 투자를 통한 사회적 금융의 중요성을 깨닫게 되었고, 기후변화와 지구온난화 등 환경문제가 탄소중립 등으로 의

그림 2-10 한국지배구조원의 모범규준

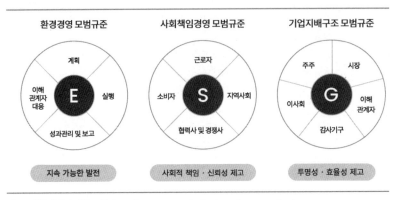

환경경영 모범규준 / 사회책임경영 모범규준 / 기업지배구조 모범규준

환경경영 모범규준: 계획, 실행, 성과관리 및 보고, 이해관계자 대응 (E) — 지속 가능한 발전

사회책임경영 모범규준: 근로자, 지역사회, 협력사 및 경쟁사, 소비자 (S) — 사회적 책임·신뢰성 제고

기업지배구조 모범규준: 주주, 시장, 이해관계자, 감사기구, 이사회 (G) — 투명성·효율성 제고

자료: 한국기업지배구조원, http://www.cgs.or.kr/business/best_practice.jsp.

제화되면서 ESG 개념이 정립되었다고 한다.

지속가능투자(sustainable investment)의 대표적인 형태는 네거티브 또는 포지티브 스크리닝 방법을 통한 투자이다. 네거티브 또는 포지티브 형태의 스크리닝 방식은 특정한 가치에 위배되는 기업을 투자에서 배제하거나 ESG 가치를 추구하는 기업에 적극적으로 투자하기로 선택하는 방식을 말한다. 다른 형태의 지속가능 투자는 사회적 또는 환경적 지향점을 가진 회사나 프로젝트에 대해 강력한 투자 정책을 실시하는 것이며, 또한 기업의 재무적 평가에 ESG를 통합하여 투자하는 것을 말한다(O'connor and Lavowitz, 2017).

ESG 투자는 그 개념적 정의나 평가 기준이 통일되어 있지 않기 때문에 전체 투자 규모를 정확히 산출하기는 어렵다. 금융위원회 보고서에 따르면, 2020년 6월 말 기준으로 글로벌 투자 규모는 약 40.5조 달러 수준으로 2012년에 비해 3배 정도 증가한 것으로 보고 있다(금융위원회, 2021).

지속가능투자를 위한 선결 과제는 투명한 정보공개이다. 2020년 기준으로 현재 84개국에서 ESG 정보공개제도를 도입했으며, 도입하는 기업

수가 꾸준히 증가하고 있다. 유럽의 경우 EU 디렉티브(EU Directive)를 통해 기업의 비재무적 정보 공개를 의무화했으며, 각국이 법제화를 진행하고 있다. 이에 반해 미국은 거래소 규정이나 특정 이슈 공시를 통해 공개하고 있다.

한편 한국기업지배구조원은 기관투자자의 수탁자 책임과 관련해 한국형 스튜어드십 코드(stewardship code)를 도입했다. 국민연금기금 의결권 행사 지침이라고도 불리는 이 스튜어드십 코드는 7가지 원칙으로 구성되어 있으며, 국내 상장기업에 투자한 기관투자자가 수탁자로서 타인의 자산을 관리·운용하는 책임을 다하기 위해 준수해야 할 세부 사항을 제시하고 있다. 물론 스튜어드십 코드에 대한 찬반 논란은 존재하지만(강구귀, 2018.7.30), ESG 성과와 재무적 성과 간에 긍정적인(positive) 상관관계 여부에 대한 검증을 거친다면, 장기적인 측면에서 볼 때 기업의 지속가능한 발전을 유도하고 투자자의 이익에 부합한다고 볼 수 있다(오성근, 2021).

스튜어드십 코드와 별개로 한국기업지배구조원은 투자자의 책임투자를 위한 기업평가 기준으로 ESG 각 요소에 대한 모범규준을 제정·공표한 바 있다. 환경경영모범규준과 사회책임경영모범규준은 2010년 12월 제정되었고, 2021년 8월 개정된 바 있다. 이 가운데 기업지배구조 모범규준은 기업의 투명성과 효율성을 높여 기업가치를 극대화하는 것을 목적으로 하며, 1999년 제정된 이후 2021년 8월까지 세 차례 개정된 바 있다.[9]

9　한국기업지배구조원 홈페이지에서 모범규준에 대한 세부 내용과 가이드라인을 확인할 수 있다. http://www.cgs.or.kr/business/best_practice.jsp.

03
ESG와 광고PR 사례

　　주요 매체의 광고를 담당하는 광고회사는 전통적으로 대기업의 계열사 광고 집행을 위해 설립된 인하우스 에이전시(in-house agency) 체제를 기반으로 성장해 왔다. 2022년 한국광고총연합회의 현황 보고서에 따르면, 국내 상위 10개 광고회사가 전체 광고 물량의 83%에 해당하는 15조 8004억 원을 차지할 정도로 집중도가 심화되어 있다. 물론 이 보고서는 국내 광고회사 가운데 조사에 응한 76개 회사를 기준으로 작성한 자료이기 때문에 국내 모든 광고회사의 취급액을 의미하지는 않는다. 한편 2022년 기준으로, 취급액 기준으로 PR업계에서 가장 큰 기업은 프레인글로벌(Prain Global)로 약 500억 원의 취급액을 기록했다. 피알원(PR One), 케이피알앤드어소시에이츠(KPR & Associates) 등이 그 뒤를 이었으며, PR업계는 광고업계보다는 매출 규모가 작은 편이었다. 먼저 대표적인 광고회사 제일기획의 사례를 분석한 뒤, 전통적으로 PR 커뮤니케이션을 강조하며 꾸준히 CSR 활동을 해왔고 최근 들어 ESG 경영에 나선 KT&G의 사례를 심층적으로 살펴보겠다. 제일기획은 「2021년 지속가능경영보고서」를 참고했고, KT&G의 ESG 내용은 웹페이지와 「2021 KT&G ESG 하이라이트 보고서」를 참고했다.

1. 제일기획과 ESG

2021년을 기준으로 제일기획의 매출은 3조 3257억 원, 매출총액은 1조 2796억에 달하며, 45개국에 53개 거점 네트워크와 9개의 자회사를 운영할 만큼 국내 광고PR 회사 가운데 규모와 성과 면에서 가장 앞선다고 할 것이다. 제일기획은 삼성그룹의 스포츠 마케팅도 담당하고 있으며 광고, 리테일, 데이터, 브랜드 커뮤니케이션 등 광고PR과 마케팅 커뮤니케이션 전반을 담당하고 있다. 이렇듯 제일기획이 광고PR 기업 가운데서 선도적으로 ESG 경영을 도입하고 있으므로, 제일기획 사례를 분석하면 실무적 함의를 얻을 수 있을 것이다.

1) 제일기획의 ESG 체계

제일기획의 ESG 조직은 2021년 4월에 구성된 것으로 알려져 있다. 따라서 ESG 활동에 대한 이사회의 보고는 2022년부터 시행된다. 제일기획은 ESG 관련 주요 이슈와 현황에 대해 이사회 차원에서 논의 및 점검함으로써 ESG 경영이 책임 있게 이루어지도록 한다. 이사회 보고와 관련해 상반기에는 당해 ESG 관련 활동 추진 계획을 보고하고, 하반기에는 당해 ESG 주요 성과와 한국기업지배구조원(KOREA INSTITUTE OF CORPORATE GOVERNANCE AND SUSTAINABILITY, 이하 KCGS) 등급 공유가 주요 회의 안건이다.

제일기획의 ESG 조직은 경영지원실장이 직접 ESG 사무국장을 맡고 있으며, ESG 중 환경 분야는 총무팀이, 사회 분야는 안전관리팀이, 지배구조 분야는 IR팀이 각각 주관 부서가 된다. 그리고 대표이사 직속 부서인 컴프

그림 2-11 제일기획 ESG 조직도

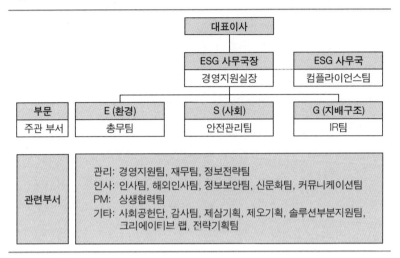

자료: 제일기획(2022).

라이언스팀이 ESG 사무국을 총괄해 관련 업무를 기획·관리하며, 각 분야의 ESG 활동을 종합하고 평가 및 대응 방안을 담당한다(〈그림 2-11〉 참고).

또한 주관 부서 산하에는 재무팀, 인사팀, 해외인사팀, 정보보안팀, 신문화팀, 상생협력팀, 감사팀, 사회공헌단, 솔루션부문지원팀, 크리에이티브 랩(Creative Lab), 경영지원팀, 정보전략팀, 전략기획팀, 커뮤니케이션팀, 제삼기획, 제오기획 등 ESG 활동과 관련 있는 관련 부서 20개 팀이 ESG 활동을 수행하고 있다.

이해관계자 참여 프로세스는 제일기획의 모든 경영활동에 적용되며, 이를 통해 다양한 이해관계자들의 관심과 생각을 파악해 의사결정 과정에 반영한다. 이해관계자는 주주, 고객, 지역사회, 임직원, 협력회사로 구분하며, 발생 가능한 쟁점에 대해 체계적으로 취합 및 관리하고 있다(〈표 2-10〉 참고). 분기별로 ESG 정례회의를 개최하는데, 조직 구성원들은 이 회

표 2-10 이해관계자 ESG 소통 채널

이해관계자	참여 방법	소통 빈도
주주	사업보고서, 주주총회, 기업설명회	
고객	홈페이지, 고객만족도 조사 AE(Account Executive)	
지역사회	홈페이지 및 SNS, 자원봉사활동 지역사회협의회	상시
임직원	노사협의회 사랑사랑, 아이디어포털 I-pub, 경영현황설명회, SCI기업문화진단	
협력회사	업무 공유회, 협력회사 포털사이트	

자료: 제일기획(2022).

의를 통해 제일기획과 관련한 ESG 현안에 대해 의견을 제시할 수 있으며, 다른 부서와 사안을 협의할 수 있다. 또한 제일기획 홈페이지에 ESG 관련 현안을 공개함으로써 주요 이해관계자들이 현안을 쉽게 확인하고 의견을 자유롭게 제시할 수 있도록 했다. ESG 현안을 공개하고 참여하는 프로세스에는 양방향 커뮤니케이션을 도입했는데, 이는 PR 과정과 채널 운영의 기본에 해당한다고 볼 수 있다.

제일기획은 이해관계자와의 소통을 활성화하기 위해 비재무정보를 추가한 「2021년 지속가능경영보고서」를 발간하고, 2022년 상반기에 홈페이지에 공개했다. 국내외 다양한 지속가능 정보공개 관련 기준(GRI, 산업부의 'K-ESG 가이드라인', 한국거래소의 'ESG 정보공개 가이던스', WFE 등)과 국내외 주요 ESG 평가기관(KCGS, 국민연금, MSCI 등)의 평가 항목 등을 종합해 고유의 'ESG 정보공개 지표'를 수립했다. 제일기획은 공개 지표에 포함된 모든 ESG 관련 데이터를 본사와 주요 해외 지점에서 취합해 보고서를 작성했으며, 앞으로 매년 보고서를 1회 작성하기로 했다. 이와 같이 많은 데이터를 담은 보고서를 독립된 검증기관에서 검증받은 뒤 일반에 공개하는 것은 ESG 경영을 분명하게 추진하고 있다는 점을 명시한 것으로 볼 수 있다. 트렌드를 좇아가려는 것이 아니라 기업의 생존과 발전을 위해 필수적인 것임을 CEO를 비롯한 경영진이 인정하고 지지한다는 의미이다. 이는 우수한 PR의 특성으로 제시되는 'CEO나 최고 경영진의 지지를 받는 PR 부서'와 연결하여 해석해 볼 수도 있을 것이다.

2) 제일기획의 친환경 실천

제일기획은 광고 제작 과정에서 발생할 수 있는 탄소 배출량을 최소화하기 위해 노력하고 있다. 이른바 '기후 위험 완화를 위한 친환경적인 광고 제작 환경'을 마련하는 것이다. 또한 중장기적 관점에서 신재생에너지 도입을 검토하고 있다.

2021년 8월, 제일기획은 광고업계 최초로 약 96개 협력회사와 '친환경 (ESG) 실천 협약'을 체결했다. 협약의 주요 내용은 ① 제작 현장에서의 폐기물 발생 최소화, ② 에너지 효율 제고 및 친환경 에너지 활용 장기적 추진 검토, ③ 친환경 중심의 아이디어 발굴 및 콘텐츠 제작 협업 확대, ④ 중대 재해예방 등 안전보건 향상 등이다. 제일기획은 이 협약 내용을 대외에 공개함으로써 협력회사의 친환경 의지를 확고하게 보여주고 있다. 이와 함께 제일기획은 2021년 친환경 실천 공감대 형성 및 제작환경 조성을 위한 협력회사 지원제도 정비, 2022년 제작 현장의 친환경 실천 정착 및 생활화 추진 등 연도별 단기 친환경 목표를 설정해 관리하고 있다고 밝혔다.

2021년 협약 이후 제일기획은 자체적으로 마련한 '광고 촬영 현장 친환경 관리 가이드'를 바탕으로 협력회사의 자율적인 친환경 실천을 유도하고, 광고업계의 상황을 반영해 가이드 적용 대상 영역을 점차 확대시켜 나갈 계획이라고 밝혔다. 또한 올해부터는 '협력 업체 선정 및 운용에 관한 규칙'을 개정해 공공기관에서 ESG 우수기업 인증(동반성장위원회 발급 'ESG 우수 중소기업 확인서')을 받은 업체가 제일기획의 협력사로 등록할 경우 우대 조치함으로써 협력회사들이 친환경 경영에 동참할 수 있도록 유도한다.

'친환경 관리 가이드라인'은 촬영장을 비롯해 콘텐츠 제작 현장에서 친환경을 실천하기 위한 내용을 규정하고 있으며, 현재 실천 가능한 부분에서 장기적으로 추진해 나갈 사항까지 광범위하게 포함했다. 또한 제작 분야별, 제작 단계별 가이드라인과 이미지 가이드 등을 통해 다양한 상황과 목적에 맞게 활용할 수 있도록 했다.

한편 제일기획의 환경경영은 전사적인 ESG 정례회의를 통해 약 20개의 ESG 관련 팀 담당자들 사이에 협의체를 구성하고 있다. ESG 정례회의의 내용과 결과는 ESG 사무국장인 경영지원실장(경영지원실 최고 임원)에게 보고하며, 2022년부터는 연 2회 제일기획의 최고 의사결정기구인 이사회에도 보고하도록 했다. 전사적 차원에서 친환경 경영 안건을 결정하고, 이러한 친환경 목표를 개별 성과 평가에 반영해 관리한다.

제일기획의 친환경 경영은 환경 교육 분야에서도 활발히 추진되고 있다. 제일기획은 2021년 전체 임직원을 대상으로 컴플라이언스 교육을 통해 친환경 교육을 실시한 바 있다. 이 교육에서는 ESG 경영의 의미와 중요성, '그린 제일(Green Cheil) 캠페인' 등 회사가 추진하는 친환경 경영 관련 내용을 소개하고 환경부와 공익광고협의회가 공동으로 제작한 환경보호 영상도 함께 소개했다. 이와 함께 '제작현장에서의 친환경 관리 가이드'를 설명하는 영상을 제작해 내부 교육 플랫폼인 CIC(CLOVA Interface Connect)에 공개함으로써 모든 임직원들이 광고 제작 현장에서의 친환경 활동을 학습하도록 했다.

그 밖에 친환경 경영활동이 다양한 주제에 맞춰 실시되고 있다. 온실가

표 2-11 제일기획 친환경 경영활동 현황

주제	내용
친환경 업무 문화 확산 및 생활화	종이 출력 최소화를 통한 친환경 문화 조성 소프트카피 보고 원칙 준수를 위한 인프라 지원
일회용품 사용 최소화	사내 텀블러 사용 독려 재사용 우산 커버 제공
친환경 사무용품 교체	종이컵, 화장지, 복사 용지를 친환경 제품으로 교체
사내 전기 사용량 절전 캠페인	불필요한 조명 소등 엘리베이터 이용량 절감
빌딩 에너지 절약	하절기 및 동절기 적정온도 관리를 통한 냉난방 에너지 사용량 절감 조명 전기 사용량 감축
서울시 교통량 감축 프로그램 참여	임직원의 대중교통 이용 유도를 위한 사내 제도 및 인프라 운영
대기오염 물질 배출 축소	친환경 보일러용 버너 교체
환경보호를 위한 사회공헌 활동	임직원의 환경보호 사회공헌 독려
친환경 실천 활성화를 위한 이벤트 진행	임직원의 친환경 생활 습관 독려
환경교육 실시	임직원의 환경 관련 인식 개선 및 공감대 형성
환경경영 실천을 위한 투자	온실가스 배출량 및 에너지 사용량 절감
친환경 인증 제품 제작	광고주와 협업해 친환경 패션 굿즈 제작

자료: 제일기획(2022).

스 배출량 및 폐기물이나 대기오염 물질 배출 저감 활동, 친환경 인증 제품 제작 등이 이어지고 있다. 〈표 2-11〉는 제일기획의 친환경 관련 활동의 현황을 보여준다.

3) 제일기획의 사회적 경영

사회적 경영으로 제일기획은 모두 7가지 분야에 걸쳐 ESG를 실천한다. 첫 번째는 인권경영 정책으로, 임직원의 다양성을 존중하고 인권보호를 위해 노력할 것을 홈페이지에 명시했다.

첫 번째는 광고 제작 환경에서의 인권 보호를 위해 '촬영장 아동·청소년 권익보호 가이드라인'을 마련해 시행 중인데, 예를 들어 15세 미만의 아동·청소년은 일주일에 최대 35시간으로 촬영 시간을 제한하고, 심야 시간대인 오후 10시부터 다음 날 오전 6시까지는 촬영을 금지한다. 그 밖에 인권 침해 예방 프로그램과 인권 교육 프로그램을 운영하고 있다.

두 번째는 근로자 관련 분야로, 근로자 인적 구성의 다양성을 위해 노력한다. 인적 구성의 다양성은 성별 측면, 장애인이나 외국인 채용, 세대 간 고용 불균형 이슈 등을 모두 포함한다. 다양성을 증진하기 위한 프로그램도 운영하는데, 대표적으로 근로자의 임신, 출산, 육아, 가족 돌봄 지원 프로그램이 있다. 또한 퇴직자 지원을 위한 프로그램을 운영하고, 공정한 개인 업적, 역량에 대한 평가를 통해 정당한 보수가 책정되도록 노력한다. 또한 최근 MZ세대가 중시하는 이른바 워라밸을 실현하기 위한 노력의 일환으로, 일과 생활의 균형을 추구하는 조직문화를 형성하기 위한 프로그램도 운영한다.

세 번째는 직장 내에서의 건강과 안전 관련 분야이다. 안전사고 예방을 위해 법과 원칙을 준수하는 것은 물론이고 안전 및 보건 관리 체계를 강화하기 위해 시스템을 개선하고, 관련 프로그램 등을 운영한다. 예를 들어 광고 촬영장이나 전시장에서 발생할 수 있는 안전사고에 대비하기 위해 '촬영·전시장 안전관리 프로세스'와 세부 매뉴얼을 준비한다.

네 번째는 정보보호 및 개인정보보호 체계의 강화이다. PC 보안, 문서보안, 시스템 보안 등에 대한 '정보보호정책'과 개인정보 보호를 위한 '내부관리계획'을 수립하고 있다. 또한 개인정보보호 전담 조직을 구성해 보호 활동을 하고 있으며, 정보보호와 관련한 임직원 교육을 매년 실시하고 있다.

다섯 번째는 윤리 및 법질서 준수에 관한 것이다. 제일기획은 준법경영

그림 2-12 제일기획의 사회적 책임을 고려한 광고 사례

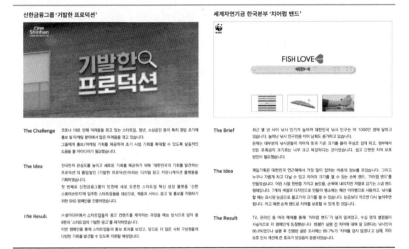

자료: 제일기획(2022).

을 위한 기본적 업무 원칙과 기준을 규정한 '준법 규칙'을 제정해 시행하고 있으며, 사내 포털을 통해 '준법규범 행동강령'과 '윤리경영 원칙'을 공개한다. 준법 교육을 위한 임직원 교육 프로그램을 운영하고 있으며, 윤리경영 정기 감사 및 모니터링 제도를 운영한다.

여섯 번째는 함께하는 성장으로, 협력회사와 상호 협력관계를 기반으로 동반 성장을 실천하기 위한 '상생경영 실천 가이드'를 수립해 실천하고 있다. 이를 위해 '상생협력 4대 실천 규칙'을 정해 대내외에 공개했다. 4대 규칙은 ① 하도급거래 계약 체결 규칙, ② 협력회사 선정·운용 규칙, ③ 하도급거래 심의위원회 운용 규칙, ④ 하도급거래 서면 발급 및 보존 규칙이다.

마지막은 사회공헌에 대한 것으로, 더 나은 세상을 디자인하는 '나눔경영'에 특화된 프레임워크를 통해 체계적으로 사회공헌 활동을 기획하고 있다. 예를 들어 소외계층을 배려하는 사회공헌 프로그램인 글동무 프로젝트,

북한 이탈 청소년들을 대상으로 언어 지원을 하고 마음 소통 기술을 가르쳐 주는 심리 정서 지원, 그리고 진로와 직업에 대한 멘토링 프로그램을 운영한다. 또한 제일기획은 고객사에 공익적인 캠페인을 먼저 제안하고, 관공서나 NGO 등이 사회 문제에 관심을 갖고 문제 해결 방안을 제안하도록 한다. 제일기획이 제작한 사회적 책임을 고려한 광고로는 신한금융그룹의 '기발한 프로덕션', KT의 '제주 스마트 도로', 삼성전자 'Team삼성', 세계자연기금 한국본부의 '치어랩 밴드', 경찰청의 '희망 테이프', 이마트의 '라이트 세이버', 삼성전자(스페인 법인)의 'TALLK' 등 다수가 있다(〈그림 2-12〉 참고).

4) 제일기획의 거버넌스

ESG의 거버넌스 부문은 투명한 정보공개를 기반으로 주주의 권리 보장과 이해관계자들과의 신뢰 형성 및 강화, 책임경영을 위한 기반 구축, 건전한 지배구조 확립을 핵심 목표로 하고 있다. 기본적으로 기업에 대한 투자자와 주주들의 주요 관심사는 기업의 경영 성과이며, 리스크 관리와 지속 가능성을 어떻게 담보할 것인지에 있다.

제일기획은 전자공시시스템을 통해 주주총회 소집에 관한 사항(소집 결의, 소집 공고 기타 참고 서류 등)을 주주총회 4주 전에 공시하며, 주주총회 개최일 2주 전까지 '주주총회 소집 통지서'를 서면으로 발송해 모든 주주들에게 안건 참고자료와 의결권 행사 방법 등을 설명한다. 또한 이와 관련한 내용들은 홈페이지에 공개한다. 2021년에만 IR(investor relation) 관련 일정을 11회 공개했으며, 매년 기업 지배구조 보고서를 홈페이지에 공개함으로써 주주 및 이해관계자들과 적극적인 소통에 나서고 있다.

기업의 주식배당은 주주 가치 환원을 위한 대표적인 활동이다. 제일기획의 주식배당은 2017년 이후 꾸준히 증가했으며, 2021년 코로나 팬데믹 상황에도 배당 총액은 전년 대비 18% 증가한 1003억 원을 기록했다. 제일 기획은 홈페이지에 'Stock information 〉 주주 환원'이라는 메뉴를 통해 최근 5개 사업 연도의 배당 정보를 공개했다.

이사회 구성과 의사결정 과정은 거버넌스에서 중요한 요소이다. 제일기획의 이사회는 정관의 규정에 따라 사내이사 3명, 사회이사 2명으로 구성되어, '상법'에서 규정하는 이사회 내 사외이사 비율(4분의 1)을 충족한다. 또한 이사에 결원이 생겼을 때 법정 정원수에 문제가 없고 업무 수행에 지장이 없는 한 다음 주주총회를 통해 선임하도록 정관에 규정하고 있다. 특히 이사회 구성과 관련해 이사의 이름과 선임일, 임기, 이사회 의장 및 관련 위원회 설치 현황을 홈페이지에 공개하고 있어 주주와 이해관계자가 이사회 구성을 쉽고 정확하게 파악할 수 있다.

제일기획은 리스크 관리(risk management)를 위해 리스크 모니터링을 위한 자체 시스템 'EWS(Early Warning System)'을 구축해 본사 및 해외 주요 거점에서 발생할 수 있는 리스크를 상시 관리할 수 있게 운영하고 있다. EWS는 사이클-프로세스-시나리오 등 3단계로 구성된다. 기업경영에서 발생할 수 있는 인사, 재무 등 관련 영역 업무 프로세스에서 발생할 수 있는 여러 리스크를 주기적으로 점검해 사전에 예방할 수 있도록 했다. 나아가 제일기획의 EWS 체계에는 업무 담당자와 관리자 등의 보고 및 공유 체계도 포함되어 있어 회사 구성원 모두가 회사 경영의 리스크를 직접 파악하고 점검할 수 있는 참여 형태를 띠고 있다.

재무적 실적과 더불어 사건·사고 및 하도급법 등 법무 관련 사항, 근무시간과 같은 조직문화, 광고주 및 ESG 리스크 등 주요 위험 요소의 세부항목과 기회 요인을 필수적 평가지표로 지정해 관리하고 있다. 특히 광고주 리스크와 관련해 VOC(voice of customer) 관리, 광고비 정산 및 청구와 관련한 가이드 준수 여부 등을 경영 평가 항목에 포함하고 있고, 이러한 평가를 보상과 연동함으로써 리스크 관리에 대한 동기부여를 강화했다.

제일기획의 최고 경영진을 중심으로 운영되는 정기 협의체는 매주 각 부문별 현안을 논의하고 내외부 리스크 요인을 공유하는 대응 프레임워크를 작동시키고 있다. '변화관리회의'라는 이름으로 업무 관련 PM(product manager) 본부와 각 본부별 지원팀, 재무팀, 컴플라이언스팀 등 12개 유관 부서 팀들이 참석하는 회의체를 통해 광고업과 관련한 법령 준수와 제반 사항을 관리·점검하고 있다.

제일기획의 경우 지난 5년 동안 '상법'과 '자본시장법' 등에서 규정한 주주 권리보호, 소유 구조, 특수 관계인과의 거래 금지 등을 비롯해 경영정보 공시의무, 이사회 및 감사기구의 구성과 운영에 관련된 법 위반 사실이 없음을 경영보고서를 통해 밝혔다.

5) 제3자 검증 의견서

제일기획의 ESG 경영에 대한 계획과 실천 내용은 제3자에게서 검증을 받는다. 2022년 5월에 한국품질재단이 제일기획의 「지속가능경영 보고서 2021」을 검증해 개선을 위한 권고 사항을 제시했다(〈그림 2-13〉 참고). 이러한 검증 시스템 구축을 통해 이해관계자, 공중, 소비자들에게 더 신뢰하는 기업으로 인정받을 수 있을 것이다. 친환경 경영, 사회공헌 활동, ESG 경영 등을 외부에 알리는 데만 주력하는 것이 아닌 객관적인 검증을 통해 개선할 사항을 찾고, 이를 개선하기 위해 노력하는 것이 조직과 공중 사이의 진정한 쌍방향 커뮤니케이션으로 가는 첫걸음이 될 것이다.

그림 2-13 제일기획의 「지속가능경영보고서」 검증의견서

‘2021 제일기획 지속가능경영보고서’ 검증의견서

제일기획 이해관계자 귀중

한국품질재단은 제일기획의 요청에 의해 2021제일기획 지속가능경영보고서(이하 ‘보고서’)에 대한 검증을 수행하였습니다. 한국품질재단은 하기 명시한 검증 기준 및 범위에 따라 독립적으로 보고서에 대한 제3자 검증 의견을 제시할 책임이 있으며, 본 보고서의 작성에 대한 책임은 제일기획 경영자에게 있습니다.

검증 기준 및 범위

- 검증 기준 : AA1000AS(v3), AA1000AP(2018)
- 검증 유형 : Type 1 [Accountability 4대 원칙(포괄성, 중대성, 대응성, 영향성) 검증]
- 검증 수준 : Moderate [제한적으로 수집된 자료에 기반하여 검증]
- 검증 범위
  - GRI Standards(2020) 핵심적 방식(Core Option)
    - 보고 원칙
    - 공통 표준 (Universal Standards)
    - 특정 주제 표준(Topic Specific Standards)

Topic	GRI Disclosure	Topic	GRI Disclosure
특정주제표준 경영접근방식 (Management Approach)	103-1, 103-2, 103-3	산업 보건 및 안전 (Occupational Health and Safety)	403-1, 403-2, 403-5, 403-6, 403-9
경제 성과 (Economic Performance)	201-1	훈련 및 교육 (Training and Education)	404-1, 404-2, 404-3
반부패 (Anti-Corruption)	205-2	다양성 및 기회균등 (Diversity and Equal Opportunity)	405-1, 405-2
에너지 (Energy)	302-1, 302-4	차별금지 (Non-Discrimination)	406-1
용수 및 폐수 (Water and Effluents)	303-5	인권평가 (Human Rights Assessment)	412-2
배출 (Emissions)	305-1, 305-2, 305-3, 305-4, 305-5	공급업체 사회 영향 평가 (Supplier Social Assessment)	414-2
폐기물 (Waste)	306-2	마케팅 및 라벨링 (Marketing and Labeling)	417-2, 417-3
환경 컴플라이언스 (Environmental Compliance)	307-1	고객 개인정보 보호 (Customer Privacy)	418-1
고용 (Employment)	401-2	사회경제적 컴플라이언스 (Socioeconomic Compliance)	419-1

검증 방법

검증팀은 상기 기준을 적용하여 보고서 내용의 타당성을 확인하기 위해 관련 절차, 시스템 및 통제의 방식과 가용한 성과 데이터에 대하여 검토하였습니다. 검증 과정에서 확인한 문서는 아래와 같습니다.

- 비재무정보 : 제일기획에서 제공한 데이터와 내부 회의 자료, 공시된 사업보고서, 언론 및 인터넷을 통해 조사된 자료 등
- 재무정보 : 금융감독원 전자공시시스템 (http://dart.fss.or.kr)에 공개된 재무제표

본 검증은 서면검토와 현장심사를 모두 진행하였습니다. 현장심사 시 보고서 작성 담당자와의 인터뷰를 실시하여 보고서 내 중대성 평가 절차, 이해관계자를 고려한 이슈 선정, 데이터 수집·관리 및 보고서 작성 절차의 유효성과 서술 내용의 타당성을 평가하였습니다. 이후 상기 단계에서 발견한 일부 오류, 부적절한 정보, 불명확한 표현들은 제일기획이 제공하는 최종 보고서에서 적절히 보완되었음을 확인하였습니다.

적격성 및 독립성

본 검증의 심사팀은 한국품질재단 내부 규정에 의거하여 적격하게 구성되었습니다. 한국품질재단은 제3 자 검증서비스를 제공하는 업무 외에 제일기획의 사업 전반에 걸쳐 검증의 독립성 및 공평성을 저해할 수 있는 어떠한 이해관계도 없습니다.

제한 사항

보고서에 제시된 성과 데이터에 대한 완전성 및 대응성은 해당 데이터의 특성과 수치를 확정, 계산, 추정하는 방법에 따라 고유의 한계를 가지고 있습니다. 검증팀은 계약에 의거하여 제공된 정보 및 근거에 대해 비교 검토를 수행하였으며 원본 데이터의 신뢰성 확인은 수행하지 않았습니다.

발견사항 및 검증 결론

상기 검증 활동을 수행한 결과, 검증팀은 본 보고서의 내용이 GRI Standards(2020)의 ‘Core option’에 대한 요구사항을 충족하며 AA1000AS(v3)의 Type 1 보증 수준을 입증할 수 있는 합리적 근거를 확보하였다고 판단하였습니다. 또한 본 보고서의 내용 중 중대한 오류나 원칙 준수와 관련한 부적절한 사항을 발견하지 못하였습니다.

- **포괄성**(Inclusivity)
  제일기획은 주주총회, 홈페이지 및 SNS, 경영현황설명회, 노사협의회와 같은 적절한 채널을 활용하여 주주, 고객, 지역사회, 임직원, 협력회사 등 다양한 이해관계자의 의견을 수렴하고 있습니다. 보고서에서 언급된 것 이외에 누락된 주요 이해관계자가 있다는 증거는 발견하지 못하였습니다.
- **중대성**(Materiality)
  제일기획은 ESG 관련 글로벌 지표 분석, 이해관계자 정례회의, 경쟁사 벤치마킹 결과 등을 활용하여 이슈 풀을 구성한 후 우선순위를 부여하는 방식으로 중대 이슈를 선정하였습니다. 중요성평가 과정을 통해 파악된 이슈는 누락 없이 보고서 내에 공개되었음을 확인하였습니다.
- **대응성**(Responsiveness)
  제일기획은 이해관계자로부터 수렴한 요구와 주요 관심사항에 적시 대응하기 위해 노력하고 있습니다. 중요 이슈에 대한 조직의 대응 활동 및 성과가 부적절하게 보고되었다는 증거는 발견하지 못하였습니다.
- **영향성**(Impact)
  제일기획은 경영활동 전반에서 이해관계자 관련 중요 이슈의 영향을 식별 및 모니터링하고 있으며, 가능한 범위 내에서 보고하고 있습니다. 중요 이슈와 관련된 영향성이 부적절하게 측정·보고되었다는 증거는 발견하지 못하였습니다.

개선을 위한 권고

지속가능경영 체계화와 효과적인 정보 공개를 위하여 다음의 발전적인 접근을 권고 드립니다.

- 제일기획의 지속가능경영보고서에서는 내부 조직 및 공급망 ESG 경영체제 확립을 위한 노력이 돋보입니다. 내부 경영체제가 안정된 이후에는, 제일기획이 외부 이해관계자에게 미치는 영향 정도를 구체적으로 식별·평가하여 보고서에 반영할 수 있기를 기대합니다.
- 국내의 대표적인 광고회사로서, 이해관계자들이 제일기획에 기대하는 높은 수준의 ESG 경영 전략과 성과를 지속적으로 보고서에 공개하기를 기대합니다.

AA1000 Licensed Report 000-80/V3-KRDFB

kfq Korean Foundation for Quality

2022년 5월
서울, 대한민국
한국품질재단 대표 송지영

Ji Young Song

자료: 제일기획(2022).

2. KT&G와 ESG

KT&G는 전매청과 한국담배인삼공사를 거쳐 2002년 주식회사 형태로 민영화된 기업으로, 담배 제조와 판매를 담당하고 있다. 계열사의 사업 분야를 보면 인삼류와 인삼 제품, 화장품, 건강기능식품, 의약품 원료 및 완제품의 제조와 판매, 호텔사업인 상상스테이까지 아우르고 있다. 흡연은 국민건강 증진과는 배척되는 것으로, KT&G는 PR 활동이 꼭 필요한 회사라고 할 것이다. 따라서 오래전부터 사회공헌에 관심을 두고 꾸준히 활동해 왔다. KT&G의 사회공헌 가치 체계를 살펴보면 '기업과 사회의 지속가능한 발전'을 위해 사회에 긍정적인 변화를 만들 수 있도록 노력한다는 점을 강조하고 있다. "더 좋은 내일을 상상합니다"를 슬로건으로 내세워, 지

그림 2-14 KT&G의 사회 공헌 체계

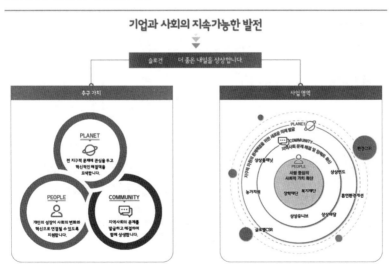

자료: KT&G 홈페이지, https://www.ktng.com/summary.

구(planet), 사람(people), 지역사회(community) 분야에서 지속가능한 발전을 가치로 추구한다(〈그림 2-14〉 참고). KT&G는 지속가능성을 기업의 혁신과 성장을 이끌 핵심으로 여기며, ESG 경쟁력 제고를 통한 회사 전체의 미래 성장 동력을 강화하기 위해 지속가능경영 추진 체계를 구축하고 있다.

1) KT&G의 친환경 경영

KT&G는 기후변화에 따른 위험을 줄이고 사업 기회 발굴을 위해 기후변화 영향 저감과 순환경제 전환을 중심에 둔 환경경영 비전 및 전략 체계인 'KT&G 그린 임팩트(KT&G Green Impact)'를 수립했다(〈그림 2-15〉 참고). 기업운영과 가치사슬 전반에서 발생할 수 있는 부정적인 환경 영향을 줄

그림 2-15 KT&G 그린 임팩트(KT&G Green Impact)

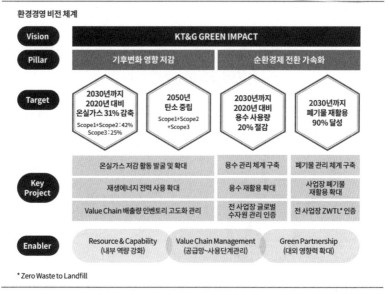

자료: KT&G(2022).

이고자 온실가스 배출 감축을 목표로 글로벌 과학 기반 감축 목표 이니셔티브인 SBTI(Science Based Target Initiative) 가이드라인에 따라 감축 목표를 수립했다. 또한 순환경제로의 전환을 위해 2030년까지 용수 사용량을 줄이고, 사업장 내부에서 발생하는 폐기물을 재활용하는 중장기 목표를 수립해 운영 중이다.

2) KT&G의 지속가능한 산업생태계 조성

KT&G는 지속가능한 산업생태계를 조성하기 위해 인권영향 평가 범위를 확대하고, 주요 인권 잠재 위험 요인을 사전에 파악해 선제적으로 대응하기 위한 방안을 마련하고 있다. 글로벌 시장에서 ESG 관리 범위가 확대되자 KT&G는 파트너 기업들과 공동 목표를 추진하기 위해 '그린 임팩트 얼라이언스(Green Impact Alliance)'를 출범시켜 단기적으로는 환경 목표 수립, ISO 인증 등 교육과 컨설팅, 중장기적으로는 제품환경성 개선을 위한 개발 협업을 통해 성과를 창출하고 있다.

인권에 대한 가치가 커지면서 모든 경영활동에서 인권경영 정책을 수립하고 있다. 주요 이해관계자 그룹의 참여와 소통을 증진시키기 위한 채널을 구축하고, 인권영향 관리를 위한 관리 체계를 만들고 있다. 또한 사내 다양성 증진 프로그램을 통해 양성 간의 균등한 기회와 평가가 이루어질 수 있도록 하며, 문화적 다양성을 수용하는 프로그램을 운영한다.

KT&G는 사업장의 안전과 건강관리 또한 사회적 경영을 위해 중요한 요소로 안전보건 경영 방침을 천명하고 있다(〈그림 2-16〉). KT&G는 안전보건 경영을 목표로 산업재해에 해당하지 않는 경미한 재해와 아차사고(near miss)까지 포함해 평균 재해율을 산정하고 있다. 매년 22%의 감소를

그림 2-16 KT&G 안전보건 경영 방침

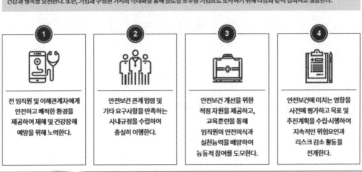

자료: KT&G(2022).

목표로 하고 있고, 중대재해처벌법 제정 이슈에 대한 대응으로 중대재해 발생 제로를 목표로 삼아 재해 저감과 경영 리스크 예방에 주력하고 있다.

고객과의 소통은 PR의 본질적 활동으로 고객 커뮤니케이션을 위해 다양한 채널을 운영하고 있다. 또한 고객만족도 관리를 위해 온라인 고객센터 운영과 보상판매 서비스를 실시하고 있으며, (주)한국소비자포럼에서 주관하는 올해의 브랜드 대상과 산업정책연구원에서 주관하는 대한민국 브랜드 명예의 전당에 각각 4년 연속 선정되었다.

3) KT&G의 거버넌스

KT&G는 거버넌스 체계 강화를 위해 이사회의 전문 기술과 역량을 선제적으로 공개하고, 이사회 평가지표인 'KT&G 이사회 역량지표(Board Skills Matrix)'를 도입해 운영하고 있다. 역량지표를 통해 이사 후보의 업무 역량을 매트릭스 형태로 여러 방면에서 평가 및 파악할 수 있으며, 투명 경영을 강화하기 위해 활용하고 있다.

전체 이사회 산하에 5개의 전문위원회를 두고 있는데, 이 중 하나가 ESG 위원회이다. 1명의 위원장과 4명의 위원으로 구성된다. 이 위원회에서 ESG 기본 정책과 전략을 수립하고, ESG의 중장기 목표 설정과 ESG 경영 이행에 관한 사항을 논의한다. 또한 KT&G 리포트 발간과 ESG 관련 중대 리스크 발생에 대한 대응 및 관련 사항을 담당한다.

강화되는 ESG 경영 및 윤리경영의 중요성에 따라 'KT&G 그룹 윤리 헌장'을 2022년 6월 제정했는데 여기에 글로벌 스탠더드 가치를 반영했으며, 이 헌장은 국내외 자회사를 포함해 그룹 전체에 공통적으로 적용된다. 또한 주주가치 제고를 위해 주주의 기본 권리를 보장하는 정관과 기업지배구조헌장 등을 명문화하고 있다.

4) ESG 대외 평가

KT&G는 2021년 2월 모건스탠리 캐피털 인터내셔널(MSCI: Morgan Stanley Capital International Index)가 실시한 ESG 지수 평가에서 최고 등급에 해당하는 AA를 받았다. 2018년과 2019년 BBB 등급, 2020년 A등급, 2021년에는 AA등급을 받아 지속적으로 우수한 평가를 받은 것으로 나타났다. 그 밖에 KCGS에서는 A등급을, 서스틴베스트에서는 AA등급을 받는 등 많은 대외 기관에서 좋은 평가를 받고 있다. 다만 제일기획의 사례에서와 같이 제3자 검증을 실시해 ESG 경영 진단과 개선점을 제시받는 것이 공중과 신뢰관계를 위해 바람직할 것이다.

그림 2-17 KT&G 대외 평가 및 수상

ESG ESG 평가 결과	MSCI🌐 MSCI **AA** (2021년, 2년 연속 산업 내 최고 등급)	**KCGS** 한국기업지배구조원 KCGS **A** (2021년)	ESG Information, Analytics & Investment **SUSTINVEST** 서스틴베스트 **AA** (2021년, 전체 등급 기준)	⚡CDP INCLUDING IMPACT ACTION CDP SUPPLIER ENGAGEMENT **A-** (2021년)

대외 수상 및 인증

2022 대한민국 브랜드
명예의 전당
(궐련형 전자담배부문
4년 연속, 2021년,
산업정책연구원)

국가브랜드경쟁력지수
1위
(ESSE 담배 부문
12년 연속 1위,
2021년, 한국생산성본부)

2021 올해의 브랜드
대상
(올해의 궐련형 전자담배
4년 연속 대상,
2021년, 한국소비자
브랜드 위원회)

발명의 날
국무총리 표창
(2021년, 특허청)

대한민국 일자리
으뜸기업
(2021년, 고용노동부)

평등 임금 인증
Equal Salary
(2021년)

사회적경제 활성화
유공 포상
대통령상
(2021년, 기획재정부)

안전보건경영시스템 인증
ISO 45001
(2021년, 국내 5개 사업장)

에너지경영시스템 인증
ISO 50001
(2021년,
국내 5개 사업장)

비상대비자원관리
우수기업
(2021년, 행정안전부)

자료: KT&G(2022).

04

ESG 체계에 대한 고민
평가와 논의

1. ESG 평가지표

ESG를 통한 기업평가는 개별 산업 영역에서 핵심적인 이슈에 대해 특정 기업이 어떤 리스크를 안고 있으며, 얼마나 많은 기회 요인을 가지고 있는지, 그리고 그러한 요소들을 어떻게 관리하는지를 평가하는 것이다. 중대한 이슈에 대한 노출과 해당 이슈에 대한 관리 능력이 기업 ESG 평가의 핵심이라고 볼 수 있다.

2020년, 미국에서 가장 큰 자산운용 회사인 블랙록(BlackRock)의 래리 핑크(Larry Fink) 회장은 각 기업에 '지속가능성 회계기준위원회(SASB: sustainability accounting standards board)[10] 기준'과 '기후 관련 재무정보 공개 태스크포스 기준 보고서'를 공시하도록 요구하면서 ESG를 적용한 투자를 본격화했다.

블랙록은 기업의 경영활동이 ESG에 미흡하다고 판단되면 투자 기업에 대해 적극적으로 주주권을 행사하며, 기업이 공시한 ESG 관련 내용이 불충분할 경우 감시(on-watch) 대상 기업으로 분류하여 12~18개월 이내에 ESG

---

10 SASB 평가지표, https://www.sasb.org/.

관련 공시를 하지 않거나 만족스럽지 않으면 주주권을 행사하기도 한다.

미국의 대표적인 산업평균지수 중 하나인 다우존스지수(DJIA: Dow Jones Industrial Average)는 미국 증권거래소에 상장된 30개 우량기업을 대상으로 하고 있다. 다우존스가 제시하는 지속가능경영지수(Dow Jones Sustainable Index)는 기업의 지속가능성을 "경제적·환경적·사회적 발전을 통해 관련되는 리스크를 관리하고, 나아가 비즈니스 기회로 활용함으로써 장기적인 주주 가치를 창출하는 비즈니스 접근법"으로 정의한다(한국생산성본부, 2021). 비슷한 맥락에서 ISO 26000을 비롯한 국내외 대부분의 지속가능경영에 대한 평가지표나 가이드라인도 ESG를 토대로 구성된다.

일반적으로 기업의 지속가능경영은 미래에 요구되는 일정한 수준을 충족시키기 위해 현재의 비용이나 능력 손실을 감당할 수 있으면서 단기적인 요구에도 대응할 수 있는 능력으로 볼 수 있다(Bansal and DesJardine, 2014). 이러한 이유 때문에 기업의 지속가능성과 ESG에 대한 평가는 미래세대를 고려한, 더 장기적인 관점이라고 할 수 있다.

전 세계적으로 ESG 평가는 매우 다양하게 이루어지고 있다. 대표적인 글로벌 ESG 평가기관으로는 MSCI, SASB, S&P 글로벌(S&P Global), CDP(The Carbon Disclosure Project, 탄소정보공개프로젝트) 등이 있으며, 국내에는 경제정의실천시민연합(경실련) 산하 경제정의연구소에서 평가하는 경제정의지수(KEJI Index)와 KCGS의 ESG 평가가 가장 많이 사용되는 것으로 알려져 있다. 이와 함께 한국능률협회컨설팅의 KMAC 지수, 한국표준협회(KSA)의 대한민국지속가능성지수(KSI)가 있다.

지속가능경영은 일반적으로 ESG 3개 요소로 구성되므로(Kell, 2014; Ng and Rezaee, 2015), ESG 평가 또한 각각의 요소에 대해 균형 있게 평가하는 것이 바람직하다. 기업의 전략경영 분야에서 지속가능성을 높이기 위한

그림 2-18 DJSI 평가 기준

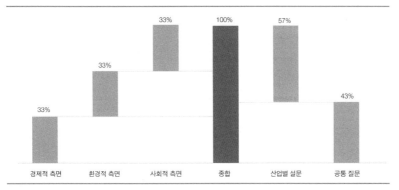

자료: http://djsi.or.kr/wp/?p=225.

전략은 DJSI가 제시하는 개념적 정의를 통해 확인할 수 있다. 다우존스가 주목하는 지속가능성은 경제적 성과와 함께 사회와의 공존을 통해 가능하다는 점을 강조한다.

DJSI 평가 기준 가운데 서베이 항목은 최소 50% 이상이 공통 항목과 산업별 항목으로 구분되며, 개별 설문 항목은 기업의 경제적 측면, 환경적 측면, 사회적 측면의 이슈로 각각 33%씩 균등하게 구성되어 있다. 물론 세부 평가 항목 일부에 대해서는 가중치가 설정되어 있으며, 기업의 지속가능경영 이슈와 산업 부문별 특성에 따라 일부 평가 기준을 달리한다.

기업의 지속가능성에 대한 지표는 관례적으로 경영활동의 결과인 재무 성과로 이해되어 왔지만, 최근에는 비재무 성과와 함께 측정해야 한다는 데 공감대가 형성되었다. 즉 세계에서 가장 존경받는 기업(world's most admired companies), 가장 일하고 싶은 기업(best companies to work for), 친환경 기업(green companies) 등의 비재무적 성과를 중시하는 사회적 분위기도 조성되고 있다. 예를 들어 코로나19 팬데믹으로 인해 비대면 환경이 지속되면서 아마존(www.amazon.com)과 같은 미국의 대형 온라인 유통 기업의 매출은 급증했지만, 사실 코로나19 초기에는 방역 문제로 아마존 물류창고에서 감염자가 급증하자 기업의 사회적 평판이 나빠지고 기업가치가 일시적으로 하락한 사례가 대표적이다. 또 다른 대표적인 ESG 평가 기준은 블랙록의 TCFD와 SASB, MSCI가 활용하는 지표이다.

SASB

SASB(sustainability accounting standards board)는 77개 산업의 재무 성과와 관련이 높은 환경, 사회, 거버넌스 문제에 대한 각각의 하위 평가 항목을 제시하고 있다. 기업의 재무적 성과 지표를 통해 지속가능을 평가해 투자자들에게 공개하고 있는데, 개별 기업의 대표적인 성과와 각 업종의 주요 이슈에 대한 회계지표 등 2520개의 하위 측정지표가 있으며, 이 가운데 약 74%가 정량지표에 해당한다. 특히 2021년 11월 금융위원회에서는 기업들이 지속가능성 공시 표준화에 대비할 수 있도록 'SASB 기준' 10개 산업 기준별 주요 공시 주제를 번역해 게시했다.[11]

SASB 기준은 77개 산업 각각에서 재무 성과와 가장 관련이 있는 환경,

---

11 금융위원회가 홈페이지 공개한 SASB 기준 10개 산업 기준별 주요 공시 주제는 다음과 같다. ① 가정 및 개인용품: 물 관리, 제품 환경·보건·안전 성과, 포장재 수명 주기 관리 등, ② 산업용 기계: 에너지 관리, 작업자 보건 및 안전, 연비 및 사용 단계 배출량 등, ③ 상업은행: 데이터 보안, 금융 포용 및 역량 구축, 시스템적 위험 관리 등, ④ 전력발전: 온실가스 배출 및 에너지 자원 계획, 대기질, 물 관리 등, ⑤ 주택건설: 토지 이용 및 생태학적 영향, 작업자 보건 및 안전 등, ⑥ 철강 제조: 온실가스 배출량, 대기 배출량, 에너지 관리, 물 관리, 폐기물 관리 등, ⑦ 전기 및 전자장비: 에너지 관리, 유해 폐기물 관리, 제품 안전, 제품수명주기 관리 등, ⑧ 투자은행 및 중개: 기업윤리, 전문가적 진실성, 종업원 인센티브 및 위험 감수 등, ⑨ 하드웨어: 제품 보안, 종업원 다양성 및 포용, 제품 수명 주기 관리 등, ⑩ 화학: 온실가스 배출량, 에너지 관리, 물 관리, 유해 폐기물 관리 등 10개 산업 분야이다. https://www.fsc.go.kr/no010101/76848.

그림 2-19 SASB 기준과 기타 ESG의 프레임워크 관련성

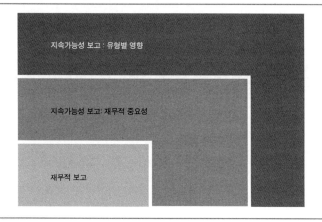

지속가능성 보고 : 유형별 영향

지속가능성 보고: 재무적 중요성

재무적 보고

자료: https://www.sasb.org/about/sasb-and-other-esg-frameworks/.

사회, 거버넌스 문제의 하위집단을 구분하여 기업이 재무적으로 중요한 지속가능성 정보를 투자자에게 공개하는 데 도움을 주도록 설계되었다. 특히 SASB 기준에서 재무 중요성은 단기·중기·장기 기업가치에 중요한 지속가능성 요소를 나타낸다.

SASB 표준의 기반이 되는 엄격하고 투명한 표준 설정 프로세스에는 증거 기반 연구, 기업, 투자자와 주제 전문가의 광범위하고 균형 잡힌 참여, 독립적인 표준위원회의 감독 및 승인이 포함된다. 또한 표준 개발과 관련된 지원 자료는 표준 설정 아카이브에서 사용할 수 있다.

MSCI

MSCI(Morgan Stanley Capital International)는 기업의 핵심 비즈니스와 해당 기업에 중대한 위험과 기회를 제공할 수 있는 산업 분야별 여러 문제를 검토하고, 35개의 ESG 주요 문제에 대한 수천 개의 데이터 포인트를 평가

그림 2-20 MSCI의 ESG 평가 핵심 이슈 프레임워크

MSCI ESG 지표									
환경 부문				사회 부문				거버넌스 부문	
기후변화	자연자본	오염 & 폐기물	환경기회	휴먼자본	생산책임	이해관계자 반론	사회적 기회	기업지배구조	기업활동
탄소배출	물 부족	독성배출 & 폐기물	클린 기술	노동 관리	생산 안전 & 품질	논쟁적 소싱	커뮤니케이션 접근	이사회	기업윤리
탄소배출 발자국	생태다양성 & 토양 활용	포장재료 & 폐기물	그린 빌딩	건강 & 안전	화학적 안전	커뮤니티 관계	금융접근	임금	세금 투명성
금융 환경 영향	원재료 소싱	전자 폐기물	재상 에너지	휴먼 자본 증진	소비자 재정보호		헬스케어 접근	지배권	
기후변화 취약성				공급망 노동기준	프라이버시&데이터 보안		영양 및 건강의 기회	회계	
					책임투자				
					건강 및 인구 통계학적 위험 보장				

주: 환경 및 사회 부문 중 강조된 부분은 소프트드링크 하부 산업의 핵심 선정 이슈(ex. 코카콜라)이고, 거버 넌스 부분의 세부 항목은 모든 산업에 적용 가능한 보편적 핵심 이슈이다.
자료: https://www.msci.com/our-solutions/esg-investing/esg-ratings/esg-ratings-key-issue-framework.

하는 방식을 취한다. 그리고 각각의 위험 및 기회 요소의 영향 수준과 시간 범위에 따라 가중치가 적용되는데, 모든 기업이 지배구조와 기업 활동에 대해 평가한다.

기본 데이터는 ESG 정책, 프로그램 및 성과에 대한 1000개 이상의 데이터 포인트, 10만 명의 개별 이사에 대한 데이터, 최대 20년간의 주주총회 결과 데이터를 기반으로 한다. 노출지표(exposure metrics)는 80개 이상의 사업을 바탕으로 지리적 세부 영역에서 '회사가 각각의 주요 이슈에 얼마나 노출되어 있는지'를 통해 측정한다. 그리고 관리지표(management metrics)

그림 2-21 MSCI의 평가지표

CCC	B	BB	BBB	A	AA	AAA
LAGGARD		AVERAGE			LEADER	
높은 노출도와 상당한 ESG 리스크 관리 실패로 인해 업계에서 뒤처지는 회사		동종 업계 회사와 비교해 가장 중요한 ESG 위험 및 기회를 관리하는 혼합 또는 예외적인 실적을 보유한 회사			가장 중요한 ESG 위험과 기회를 관리하는, 업계를 선도하는 회사	

는 '회사가 각각의 주요 이슈를 어떻게 관리하고 있는지'를 통해 측정하는데, 150개의 정책·프로그램 메트릭스와 20개의 성능 지표, 100개 이상의 거버넌스 주요 지표를 활용한다. 이러한 지표들을 통해 매년 35개 핵심 이슈를 선정하고, 각 산업별 가중치를 기반으로 한 MSCI의 중요성 매핑 프레임워크를 사용해 핵심 이슈를 두고 평가한다. 개별 이슈에 대한 평가 점수와 가중치가 관련 산업 분야의 전반적인 ESG와 결합해 최종적으로 AAA부터 CCC까지 ESG 등급이 부여되며, 개별 ESG 평가 점수로도 활용된다.

MSCI의 평가지표는 기업에 장기적으로 비용을 발생시키는 이슈가 어떤 부정적인 영향을 미치는지, 그리고 어떤 요소들이 기업에 기회로 작용할지를 분석해 투자자들이 해당 기업의 위험 요소와 기회 요소를 정확히 파악해 투자 포트폴리오를 구성하고 관리하는 데 도움을 준다. AAA부터 CCC까지 7단계로 분류되는데, 가장 낮은 CCC 등급과 B 등급의 경우 ESG 리스크 관리에 실패하여 업계에서 뒤처지는 회사로 평가되며, BB~A 등급은 동종 업계에서 평균적인 수준으로 평가된다. AA, AAA 등급은 ESG 위험과 기회를 관리함으로써 산업 분야를 선도하는 회사로 평가된다.

ESG 측정 기준에 대해서는 여러 이견이 존재하므로, 다양한 평가 기준에 객관성과 통일성을 확보하려는 노력이 계속되고 있다. 그 결과 2020년에는 GRI(Global Reporting Initiative), SASB, IIRC, CDSB, CDP 등 5개 기관에서 공통표준 제정을 위한 프로토타입 보고서를 공개한 바 있다.[12]

글로벌 투자 포트폴리오를 보유한 국제 투자자들은 기후 및 기타 ESG 문제에 대해 투명하고, 신뢰할 수 있으며, 고품질의 비교 가능한 기업의 보고를 지속적으로 요구하고 있다. 이 요구를 충족하기 위해 2021년 11월, IFRS 재단 관리위원회는 새로운 표준 설정 위원회인 국제지속가능성표준위원회(ISSB: International Sustainability Standards Board)의 창설을 발표했다.

이는 ISSB가 투자자와 기타 자본 시장 참가자에게 기업의 지속 가능성 관련 위험과 기회에 대한 정보를 제공함으로써, 정보에 입각한 결정을 내리는 데 도움이 될 뿐 아니라, 지속 가능성 관련 공개 표준의 포괄적인 글로벌 기준을 마련했다 점에서 긍정적으로 평가된다.

2. 국내 기업의 ESG 평가

2021년 DJSI 편집지수에 따른 산업별 평균점을 살펴보면, 글로벌 기업은 76.5점으로 소폭 하락했고, 국내 기업은 평균 70.9점으로 전년 대비 1.1점 상승한 것으로 나타났다(한국생산성본부, 2021). 그러나 여전히 국내 기업은 글로벌 기업에 비해 평균 5.6점 낮은 상태이다.

산업 분야별로 살펴보면 국내 기업은 미디어 및 식료품 부문과 석유 및 가스, 가전 및 여가용품, 자동차, 자동차 부품, 금융 서비스 분야에서 글로

---

12 https://www.ifrs.org/groups/international-sustainability-standards-board/.

그림 2-22 2021 국내 기업의 DJSI 부문별 성과

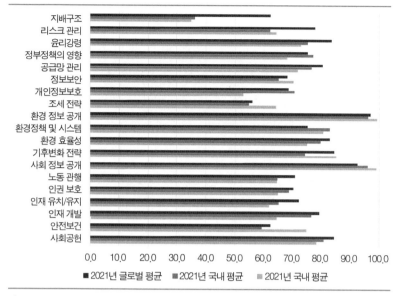

자료: http://djsi.or.kr/.

벌 평균에 비해 소폭 높은 점수를 기록해 글로벌 경쟁력을 갖추고 있는 것으로 보인다. 철강(77점), 운수 및 교통 인프라(75점) 산업은 글로벌 평균과 동일하며, 상용 서비스 및 공급업, 화학, 기계 및 전기 설비, 복합 여가, 건축자재, 보험 전력 유틸리티 등 산업 분야에서는 글로벌 기업 평균에 미치지 못하는 것으로 나타났다.

국내 기업의 DJSI 세부 평가 항목에 대한 결과를 보면, 환경 정책 및 시스템 부문과 개인정보보호 부문에서 우수한 평가를 받고 있다(한국생산성본부, 2021). 특히 환경 정책 및 시스템 부문은 83.1점으로 가장 높은 점수를 기록했으며, 개인정보보호 부문도 70.7점을 기록했다. 이 항목들의 평가 점수는 전년 대비 각각 2.6점과 18.0점이 상승한 수치이다. 국내 기업의

환경 정책 및 시스템, 개인정보보호 부문의 DJSI 평가 점수는 글로벌 기업에 비해서도 각각 8.0점, 2.1점이 높은 것으로 나타났다. 이와 같은 항목에서 우수한 평가를 받은 것은 국내 기업들이 대외 공개 정책을 수립하고 데이터 공시와 시스템 인증 등을 통해 기업 성과를 개선하는 형태로 빠르게 대응했기에 가능했다는 평가를 받고 있다(한국생산성본부, 2021).

이와 반대로 국내 기업의 ESG 성과 가운데 지배구조, 리스크, 기후변화 대응, 윤리강령, 인재 유치 및 유지 등에서는 낮은 점수를 보였다. 특히 지배구조 부문은 36.0점으로 가장 낮은 평가를 받았으며, 리스크 62.0점, 인재 유치 및 유지는 65.3점 등 낮은 점수를 기록했다. 기후변화 항목과 윤리강령은 각각 74.4점과 75.3점으로 양호했지만, 글로벌 기업과 비교했을 때 각각 10.2점, 8.2점이 낮은 것으로 나타났다(한국생산성본부, 2021). 문제는 가장 낮은 점수를 받은 지배구조 항목과 윤리강령, 인재 유치 및 유지 항목이 지난해에 비해 각각 1.1점, 2.6점, 3.3점이 오른 결과라는 점이다. 이 항목들의 경우 글로벌 평균에 한참 미치지 못하고 있기 때문에 더욱 개선이 필요하다.

최윤형·이기호·이상명(2022)은 2010년과 2020년에 지속가능경영보고서를 발간한 국내 총 108개 기업을 대상으로 GRI 가이드라인에서 재분류한 핵심 이슈 14개를 분석한 바 있다. 이 연구에 따르면 기업은 지속가능경영보고서를 통해 일정 기간 동안의 지속가능경영 성과를 경제, 사회, 환경, 지배구조 이슈로 분류해 지속가능한 경영과 생존을 위한 전략을 수립하고, 이해관계자의 요구에 적극적으로 부응하는 것으로 나타났다(최윤형·이기호·이상명, 2022).

3. ESG 실천과 평가에 대한 제언

2006년 UN PRI 발표 이후 ESG 평가와 측정에 대한 방법론적 논의가 이어졌다. 현재 ESG 지표로 활용되고 있는 것만 4500여 개가 넘고, 이를 통해 ESG 평가 방식도 400여 개 이상이라고 한다(이일청, 2020).

시장에서의 인식은 여전히 ESG 개념의 추상성에 의문을 제기하고, 여러 학자들 사이에서도 개념의 모호성이 논란이 되고 있다. ESG를 추구해야 하는 시장의 입장에서는 법적·제도적 차원에서의 명확성을 요구할 수밖에 없는 상황이다. 이러한 맥락에서 ESG의 개념을 정립하고 범주화하려는 노력이 활발히 진행되고 있다.

향후 ESG가 기업의 하나의 리스크로 작용할 것이라는 우려도 제기되었다. ESG 관련 규제와 법제화로 인한 기업의 비재무적 요소가 기업 활동을 제약할 것이라는 우려 때문이다.

현재 다양한 ESG 평가 제도는 내재적으로 한계가 있다. ESG 관련 규제와 법제화로 인한 기업의 비재무적 요소가 기업 활동을 제약할 것이라는 우려 때문이다.

우선 현재의 ESG 평가는 정량적 정보에 의존하는데, 이 정량적 정보가 불충분하다는 지적이 있다(OECD, 2020). 즉 공시 사항이 제한적이고 부실한 경우가 많아 평가 결과에 대한 공신력을 떨어뜨린다는 것이다. 이런 이유로, 사업 자체보다는 사업 모델만을 평가하는 문제도 나타난다(금융위원회, 2021).

ESG 평가의 다른 문제점은 평가 범주의 일관성이 부족하다는 점이다. 실제로 ESG 평가기관에 따라 그 범위가 기업의 토지 사용(E), 노동 관행(S), 부패 관리(G) 등 매우 광범위해서 일관되고 통일성을 갖춘 범주화가 어렵다.

ESG 평가지표 역시 평가기관에 따라 다르며 핵심 지표와 하위 지표 항목도 매우 다르다. 이를테면 로이터의 경우 186개의 핵심 및 하위 지표를 두고 있지만 MSCI는 34개에 불과하며, 블룸버그는 120개 이상의 하위 지표를 통해 ESG를 평가한다. 그러나 무엇보다 ESG 평가의 가장 큰 문제점은 평가기관들의 의견이 일치하지 않으며 실제 평가와 측정 시스템 간에 상관관계가 낮다는 점이다(금융위원회, 2021). IMF 보고서에서도 기업의 ESG 평가 점수와 재무적 성과, 신용평가 등급 사이에 뚜렷한 상관관계가 없다는 점을 밝히고 있다(IMF, 2019).

국내에서는 ESG를 제도화하기 위한 노력이 계속되고 있다. '공공기관의 사회적 가치 실현을 위한 기본법(안)'에서 제시하는 13개 하위 범주들은 사회적 가치에 대한 논의를 더욱 구체화한다. 그리고 이는 통상적으로 ESG를 민간 기업의 기업 활동과 관련된 것으로 인식하지만, 이미 공기업과 공공기관에서의 ESG 활동도 사회적 가치 실현을 위해 매우 중요한 영역이 되었다고 할 수 있다.

4. 정책과 제도적 제언

ESG에 대한 논의는 현재진행형이다. 여전히 많은 쟁점이 있고, 새로운 이슈들로 논의가 확장되고 있다. 국내 기업의 ESG 활동이 추구하는 지속가능한 발전을 위해 정책적·제도적 장치에 대한 검토도 함께 고민해야 하는 시점이다.

첫째, 현재 다양한 형태로 논의되고 있는 지속가능성 목표와 관련 지표들이 국내 기업의 ESG 활동들과 실질적으로 연계되도록 하는 것이다. 지속가능 발전을 위한 목표들의 지표 수가 200여 개가 넘는 반면, 실제 측정 가능하고 모니터링할 수 있는 지표는 여기에 미치지 못하기 때문이다. 즉 불분명한 지표가 존재할 가능성이 있으며, 이는 곧 계량화 작업에서 오류를 발생시킬 수 있기 때문에 ESG 평가에 대한 신뢰를 훼손할 우려가 있다. 국가적 차원에서 추진하는 K-SDGs 지표도 국가의 정책적 목표와 기업의 ESG 경영 전략 사이에서 통일성을 확보할 필요가 있다.

둘째, 국내 ESG 평가지표와 글로벌 평가지표 간 불일치를 해소할 필요가 있다. UN 차원에서 제시하는 SDGs와 EU의 ESG 평가지표, 미국 주요 글로벌 기업을 중심으로 활용되는 ESG 지표에 대한 통일된 규범을 만들어가는 노력이 필요하다. 현재 국내 ESG 정보 가이던스 권고지표나 ESG 모범규준의 경우 규범적 차원에서 제도화하는 데 한계가 있기 때문이다. 이미 법률적 차원에서 규범력을 확보한 EU의 ESG 체제 정책 방향을 고려한다면, 우리에게도 기후변화에 대응하고 탄소중립을 달성하기 위한 규범화 작업이 요구된다. 물론 국내 기업의 현실을 반영하여 단계적으로 조치해야겠지만, 국내 기업의 글로벌 경쟁력을 담보하기 위해 제도적 장치가 필요한 시점이다.

셋째, 현행 ESG 체제의 환류 시스템을 마련할 필요가 있다. ESG 지표에 대한 준수와 평가, 그리고 ESG 활동 전체에 대한 정보공시제도가 더욱 효과적으로 기업의 지속가능성을 보장할 수 있도록 해야 한다. ESG 정보공시제도에 대한 투명성을 확보함으로써 관련 정보의 활용을 높이고 기업의 신뢰도를 증진시킬 필요가 있다. 특히 탄소중립과 기후위기 대응에 관한 정보를 좀 더 투명하게 공개함으로써 기업과 투자자가 상호 견제하는 효과를 거둘 수 있다.

마지막으로 정부의 일관된 정책 추진 노력과 함께 민간과 정부, 학계의 지속적인 협업 체계가 뒷받침되어야 한다. 정부의 ESG 관련 정책과 제도가 규제의 측면에서만 작동하는 것이 아니라 새로운 기술개발과 투자를 촉진할 수 있는 토양으로 기능해야 한다.

참고문헌

강구귀. 2018.7.30. "스튜어드십코드 '연금 사회주의' 논란 여전". ≪파이낸셜뉴스≫. https:// www.fnnews.com/news/201807301149429638(검색일: 2022.8.31).

강찬수·김정연. 2020.10.28. "문 대통령 "2050 탄소중립" 선언…30년 허리띠 졸라매야 한다". ≪중앙일보≫. https://www.joongang.co.kr/article/23906113#home(검색일: 2022.8.31).

금융위원회. 2021. ESG 국제동향 및 국내 시사점. https://policy.nl.go.kr/search/search Detail.do?rec_key=SH2_PLC20210260288&kwd=(검색일: 2022.8.31).

기획재정부. 2022. "공공기관 노동이사제 도입 … 8월 4일부터 시행". 대한민국 정책브리핑, https://www.korea.kr/news/policyNewsView.do?newsId=148902416(검색일: 2022.8.31).

김재필. 2021. 『ESG 혁명이 온다』. 한스미디어.

김종대 외. 2016. 「성공적 CSR 전략으로서 CSV에 대한 평가」. ≪Korea Business Review≫, 20(1). 291~319쪽.

김환이. 2014.12.24. "CSR이란? 세상의 오해들". ≪데일리임팩트≫. https://www.daily impact.co.kr/news/articleView.html?idxno=10787(검색일: 2022.8.31).

오성근. 2021. 「영국의 2020년 스튜어드십 코드의 주요 내용 및 그 시사점」. ≪증권법연구≫, 22(1), 1~38쪽.

원동욱. 2015. 「기업지배구조모범규준에 대한 외국의 사례 및 우리나라에 대한 시사점: 영국 및 독일의 사례를 중심으로」. ≪은행법연구≫, 8(1), 111~160쪽.

이은선·최유경. 2021. 「ESG 관련 개념의 정리와 이해」. ≪이슈페이퍼≫, 21-19-④.

이정기·이재혁. 2020. 「지속가능경영 연구의 현황 및 발전방향: ESG 평가지표를 중심으로」. ≪전략경영연구≫, 23(2), 65~92쪽.

이형종·송양민. 2021. 『ESG경영과 자본주의 혁신』. 21세기북스.

조대형. 2021. 「ES글로벌 추진 현황과 사례 분석」. ≪인문사회 21≫, 12(3), 2651~2662쪽.

조일준. 2014.11.10. 「인도 '보팔 참사' 보상 30년째 '제자리걸음」. ≪한겨레≫, https://www.

hani.co.kr/arti/international/asiapacific/663813.html(검색일: 2022.8.31).

중소기업연구원. 2021. 「ESG 현황과 중소기업 적용방안」. ≪해외 중소기업정책동향≫, 4(3), 3~12쪽.

제일기획. 2022. 「지속가능경영 보고서 2021」. https://www.cheil.com/hq/sustainability (검색일: 2022.8.31).

최윤형·이기호·이상명. 2022. 「지속가능경영보고서의 중요성 분석을 통해 바라본 지속가능 경영 이슈와 10년의 변화」. ≪Korea Business Review≫, 26(1), 125~148쪽.

한국생산성본부. 2021. "2021 다우존스 지속가능경영지수(DJSI) 평가결과 발표"(보도자료).

한민지. 2021. 「ESG체제에 따른 유럽연합의 대응과 동향: 기후위기 대응과 지속가능한 사회 로의 전환을 중심으로」. ≪법과 기업 연구≫, 11(2), 3~36쪽.

황용석. 2021.2. "팬데믹시대, 미디어기업의 사회공헌 활동 평가와 방향". 한국IPTV방송협 회 기획세미나. 목동KT센터.

헨더슨, 레베카(Rebecca Henderson). 2021. 『자본주의 대전환』. 임상훈 옮김. 어크로스.

Apple. 2022. "Apple 공급망에 속한 사람과 환경". 「2022년도 연간 경과 보고서」. https:// www.apple.com/kr/supplier-responsibility/pdf/Apple_SR_2022_Progress_Re port.pdf(검색일: 2022.8.31).

KT&G. 2022. 「2021 KT&G ESG 하이라이트 보고서」. https://www.ktng.com/ktng Report?cmsCd=CM0017(검색일: 2022.8.31).

Bansal, P. and DesJardine, M.R. 2014. "Business sustainability: It is about time." *Strategic Organization*, 12(1), pp.70~78.

BBC. 2021. "BBC Diversity & Inclusion Plan 2021-2023." https://www.bbc.co.uk/ diversity/strategy-and-reports(검색일: 2022.8.31).

Bénabou, R. and J. Tirole. 2010. "Individual and corporate social responsibility." *Economica*, 77(305), pp.1~19.

Carroll, A. 2016. "Carroll's pyramid of CSR: taking another look." *International Journal of Corporate Social Responsibility*, 1(3). https://doi.org/10.1186/s40991-016-0004-6(검색일: 2022.8.30).

Claudy, M. C., M. Peterson and M. Pagell. 2016. "The roles of sustainability orientation and market knowledge competence in new product development success." *Journal of Product Innovation Management*, 33, pp.72~85.

Elkington, J. 2004. "Enter the triple bottom line." in A. Henriques & . Richardson(eds.). *The Triple Bottom Line: Does It All Add up?* pp.1~16. Earthscan.

Henderson, R. 2020. *Reimagining Capitalism in a World on Fire*. PublicAffairs.

IMF. 2019. *Global Financial Stability Report*. IMF.

Kell, G. 2014.8.13. "Five trends that show corporate responsibility is here to stay." *The Guardian*. https://www.theguardian.com/sustainable-business/blog/five-trends-corporate-social-responsbility-global-movement.

McWilliams, A. and Siegel, D. 2001. "Corporate social responsibility: A theory of the firm perspective." *The Academy of Management Review*, 26(1), pp.117~127.

Ng, A. C. and Rezaee, Z. 2015. "Business sustainability performance and cost of equity capital." *Journal of Corporate Finance*, 34, pp.128~149.

O'connor, C., and Lavowitz, S. 2017. *Putting the "S" in ESG: Measuring Human Rights Performance for Investors*. https://www.stern.nyu.edu/experience-stern/global/putting-s-esg-measuring-human-rights-performance-investors(검색일: 2022.8.31).

OECD. 2020. *ESG Investing: Practices, Progress and Challenges*. OECD.

Onyali, C.I. 2014. "Triple bottom line accounting and sustainable corporate performance." *Research Journal of Finance and Accounting*, 5(8), pp.195~209.

Porter, M. and M. R. Kramer. 2011. "Creating shared value: Redefining capitalism and the role of the corporation in society." *Harvard Business Review*, 89(1/2), pp.62~77.

Rasche, A., M. Morsing and J. Moon. 2017. *Corporate Social Responsibility: Strategy, Communication, Governance*. Cambridge University Press.

Schaltegger, S. and J. Hörisch. 2017. "In search of the dominant rationale in sustainability management: Legitimacy or profit seeking?" *Journal of Business Ethics*, 145(2), pp.259~276.

Scherer, A.G. et al. 2016. "Managing for political corporate social responsibility: New challenges and directions for PCSR 2.0." *Journal of Management Studies*, 53(3), pp.273~298.

3장

ESG 기반의
광고PR 패러다임 전환

박병규

01

광고PR 현장의 전략적 변화와
미래 예측

1. ESG, 같거나 혹은 다르거나

ESG에 있어 광고PR을 담당하는 현업 실무자들이 가장 어려워하는 부분은 ESG 개념의 모호성과 유사 개념과의 차이이다. 기존의 기업 광고(corporate advertising)와는 어떤 차이가 있는지, CSR(corporate social responsibility)이나 CSV(creating shared value)와는 무엇이 다른지 등에 대해 명확히 구분할 수 있는 기준을 찾기 어려워 보이기 때문이다. 당장 기업의 사회적 책임이라고 할 수 있는 CSR만 해도 경제학(shareholder value theory), 사회학(corporate social performance), 윤리학(stakeholder theory), 정책학(corporate citizenship) 등 각 분야에서 다양한 의미로 해석되는 현실에서 'ESG는 무엇이다'라고 명확히 정리하는 일은 쉽지도, 가능하지도 않다. 다만 개념화해서 쉽게 정리하면, 기업의 사회적 책임이라는 맥락에서 볼 때 ESG는 기존의 유사한 개념과 궤를 같이한다고 할 수 있고, 실행 단계와 효과 측면에서는 확연히 다른 성질을 띤다고 설명할 수 있을 것이다.

ESG 기반의 새로운 광고PR 패러다임 전환을 이해하기 위해서는 기업의 사회적 책임에 대한 역사적 흐름과 이해관계자 관점에서 관계를 중심으로 한 공중에 관해 새롭게 인식할 필요가 있다.

먼저 기업의 사회적 책임에 대한 흐름을 역사적으로 짚어보자. 이에 대한 본격적인 논의는 1930년대 법경제학 관점에서 전개된 아돌프 벌(Adolph Berle)과 메릭 도드(Merrick Dodd)의 논쟁을 들 수 있다. 벌은 주주가 회사의 소유주이므로 경영진은 모든 주주의 이익을 위해 부여받은 권한을 행사하여야 하고, 사회적 책임이나 목적을 고려한 경영을 하는 것은 주주의 동의가 있을 때만 가능하다고 주장했다. 이에 대해 도드는 기업도 사회적 봉사의 책임이 있으므로, 기업의 경영진은 관계자의 이익을 고려해야 하고, 따라서 경영자의 수탁의무는 주주 이외의 다른 모든 관계자의 이익을 고려할 필요가 있다고 주장했다(Dodd, 1935: 194; Donaldson, 1995: 65). 당시 대다수 주주와 기업가들은 벌의 주주 중심 경영에 손을 들어주었으며, 기업 차원의 사회적 책임보다는 성공한 기업가의 개인적인 의지를 반영한 자선사업을 선호했다. 이후 프랭클린 루스벨트(Franklin Roosevelt)의 뉴딜 정책으로 정부의 역할에 대한 관심이 늘어나고 사회적 책임론이 힘을 얻게 되자, 벌은 이전의 주장과 달리 회사의 양심이 필요하며 회사 권력은 퍼블릭 컨센서스에 따라 행사되어야 한다고 견해를 번복했다(최준선, 2005: 477). 1970년대 들어 기업의 사회적 책임에 관한 논쟁은 밀턴 프리드먼(Milton Friedman)에 의해 다시 불붙었다. 그는 1970년 ≪뉴욕 타임스 매거진(The New York Times Magazine)≫에 기고한 "기업의 사회적 책임은 이윤 극대화(The Social Responsibility of Business is to Increase its Profits)"(Friedman, 1970: 32~33)라는 글에서 기업에 이윤 극대화 이외에 사회적 책임을 부과하는 것은 옳지 않다고 주장했다. 경영자는 주주들에 의해 임명된 대리인으로서 주주 이익 즉 이윤 극대화를 위해 행동해야 하고, 만약 경영자가 법에서 정한 것 이상으로 사회적 책임을 졌다면 이는 자신을 고용한 주주의 이익에 합치되지 않는 방향으로서 기업 내부의 의사결정이 정치적 관점에 따라 좌우되는 결과를 가져올 것이라는 프리드먼의 주장은 주주자본주의로 명명되며, 신자유주의의 중심이론으로 작용했다. 그러나 주주의 이익 극대화를 위해 기업들이 단기 이익을 추구하는 경향이 심화되고, 이에 따라 모럴 해저드가 빈번히 발생하면서 이에 대한 비판과 함께 기업의 사회적 책임(CSR)이나 공유가치 창출(CSV)과 같은 대안 이론이 등장하기 시작했다. ESG는 여기에서 한 발 더 나아가 지속가능한 성장을 위한 기업의 사회적 책임 영역을 확대하고 구체화한 것이다. 결국 역사적 측면에서 고찰했을 때 ESG는 기부 형식의 SR(social responsibility) 투자에서 시작해 현재에 이르기까지 기업의 사회적 책임이라는 일맥상통한 흐름의 연장이라고 볼 수 있을 것이다.

그러나 철학적인 관점에서 보면 ESG는 기존의 사회적 책임과는 확연히 다른 성질을 보인다.

ESG는 역사적으로 진행되어 온, 지금까지 이윤 추구의 방편에서 수동적·방어적으로 진행되어 왔던 사회적 책임 영역이 투자에서부터 마케팅, 사후관리에 이르기까지 전 과정에 걸쳐 일관되게 적용되어야 한다는 것을 의미한다.

이를 이해하기 위해서는 과정과 관계, 초연결이라는 키워드를 눈여겨볼 필요가 있다.

2. "뉴턴, 데카르트는 틀렸다"

앨빈 토플러(Alvin Toffler)는 『부의 미래(Revolutionary Wealth)』(2006)에서 "오늘날에도 경제의 많은 부분은 애덤 스미스, 리카도, 케인스, 프리드먼의 유산을 비롯하여 적어도 부분적으로 뉴턴식의 역학과 데카르트적인 논리를 기반으로 하고 있다"며, 그러나 "양자론, 상대성 이론 등에 의해 기계적 모델은 한계를 드러냈고 모든 것이 항상 예측 가능한 상황으로 움직일 수 없다"(Toffler·Toffler, 2006: 162)라고 지적했다. 여기에 2008년 미국의 금융위기를 겪으며 영미권을 중심으로 플라톤에서 뉴턴에 이르기까지 기존의 실체 패러다임에 대한 대안으로, 과정 패러다임에 대한 관심이 높아지고 있다(Langley, 1999: 691~710).

플라톤, 아리스토텔레스, 데카르트, 뉴턴에 이르기까지 서구 철학의 주류는 물(物) 자체의 근원을 탐구하는 실체 중심의 철학이었다. 개체가 가지는 속성과 성질을 중시하면서, 이와 연관된 내적 관계는 부수적인 것으로 취급했다. 그러나 앙리 베르그송(Henri Bergson), 앨프레드 화이트헤드(Alfred Whitehead), 질 들뢰즈(Gilles Deleuze)에 따르면 실체는 주체의 속성이나 성질보다는 관계를 더 중시하며 상호 의존적인 관계를 통해 새롭게 규정된다고 주장했다(김영진·김상표, 2022: 81). 들뢰즈는 관계를 설명하기 위해 수목형 체계와 리좀형 체계라는 개념을 사용했다. 그에 따르면 수목형은 나무가 뿌리에서 시작되어 줄기가 나오고 가지가 펼쳐지면서 잎이 돋아나는 것처럼 일종의 위계질서를 갖는다. 따라서 수목형 체계는 근본을 뿌리에 두고 여기에 근원과 본질이 있다고 전제하며, 뿌리의 실체를 근거 삼아 줄기와 잎으로 차츰 사유의 영역을 넓혀나가는 방식이다. 반면 리좀형은 수목과 달리 땅속에서 중심 줄기 없이 옆으로 뻗어 나가 새로운 개체를 생성하는 방식이다. 수목형과 같은 위계질서 없이 수평으로 연결되어 서로 공존하는 것이 리좀적 관계이다(Deleuze, 1980: 16).

예컨대 우유를 빌려 이를 설명하면 수목형 사유 방식은 소에게서 나온 젖으로서, 단백질과 지방 등으로 구성된 우유의 본질이라는 큰 줄기를 파

그림 3-1 리좀형과 수목형 체계의 비교

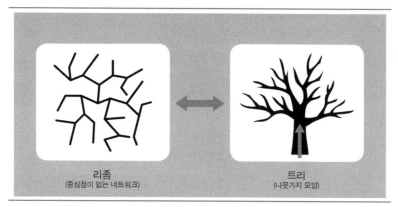

자료: 저자 작성.

악하고 이후 우유가 만들어진 역사적 근원과 활용 방식 등의 잔가지를 살펴보는 방식이다. 반면 리좀적 사유체계에서 우유는 아기에게는 모유의 대용식이고, 요리사에게는 요리의 재료가 되며, 유익한 균과 만나면 치즈나 버터가 될 수도 있는 관계의 산물이다. 우유의 본질이 무엇인지가 중요한 것이 아니라 '무엇과 접속하느냐'가 중요하다는 것이다. 이는 물리학적으로도 설명이 가능하다. 얼음이 딱딱한 것은 그 자체의 성질이 아니라 물 분자 사이의 연결구조 때문인 것처럼, 하나의 존재로는 의미를 읽을 수 없는 많은 구성 요소들이 모여 서로 영향을 주고받을 때 전체는 새롭게 거시적인 특성을 만들어낸다. 구성 요소 사이의 강한 연결은 하나의 구성요소에서 발생한 사건의 규모를 파급시켜 엄청난 규모의 격변을 만들 수도 있다. 따라서 무엇이 연결되었는지를 보는 것은 전체를 보는 것이고, 변화의 순간을 포착하는 일이다(김범준, 2019: 40).

이처럼 관계를 중심으로 하는 철학적 개념은 사회학·정치학 등에도 폭넓게 적용되었고, 기업의 ESG 경영에서도 기업과 고객, 종업원, 지역사회 등 이해관계자들이 상호 의존관계를 맺는다는 철학적 기반으로 자리 잡게 되었다.

3. 관계, 초연결과 만나다

관계는 초연결(hyper-connected)사회가 도래하면서 새로운 차원으로 접어든다. 초연결사회란 기존의 웹과 컴퓨터 중심의 연결 방식이 사물인터넷(IoT: internet of things), 확장현실(extended reality, 이하 XR), 5G를 넘어서는 망 속도 등을 통해 한층 더 고도화된 사회를 말한다. 초연결사회의 도래는 인간의 관계를 확장시켜 사물과의 관계 더 나아가서는 실제 세계와 사이버공간의 융합과정 속에서의 관계 등으로 다중화되고 증폭된다. 이에 따라 기존의 수직적 의사결정구조는 수평화되고, 지역적 한계를 뛰어넘는 나비효과가 빈번히 나타난다. 이처럼 새롭게 변화하는 관계는 그에 상응하는 새로운 조건을 요구한다. 2014년 1월 열린 스위스 다보스에서 열린 세계경제포럼(WEF)에 참가한 경영전략가 돈 탭스콧(Don Tapscott)은 '초연결로 이루는 스마트 세상(Via Hyperconnectivity, Into the Smart World)'이라는 주제의 강연에서 초연결사회의 키워드를 '개방'으로 정의하면서 협업, 투명성, 지적재산 공유, 자유를 초연결사회 개방의 4대 원칙으로 제시했다. 초연결 시대에는 어떤 나라나 기업도 독자적으로 성공하기 어렵기 때문에 협업, 투명성, 공유, 권력 분산에 의한 개방을 통해서만 기업의 생존과 경쟁력을 확보할 수 있다는 것이다.

많은 ESG 전문가들은 ESG가 선택의 문제가 아니라 기업 생존에 절대적으로 요구되는 과제라는 점을 강조한다. 투자와 규제의 시각에서 바라

그림 3-2 세계경제포럼 연례총회

자료: 세계경제포럼(2019).

볼 때 이들의 의견은 매우 적절한 지적이다. 그러나 단순히 기업 생존이라는 근시안적 시각보다는 초연결사회를 맞이해 시간과 공간을 초월해 한층 복잡하고 다양해진 관계로 인해 기업의 목적은 더 많은 이해관계자의 만족을 위해 확장되어야 한다는 새로운 눈으로 바라볼 필요가 있다.

4. 광고PR 커뮤니케이션의 변화

PR의 경우에도 이 같은 흐름이 반영되었다. 미국PR협회는 2012년 PR의 개념을 "조직과 조직을 둘러싼 공중들 사이에 상호호혜적 관계를 구축하는 전략적인 커뮤니케이션 과정"이라고 재정의한 바 있다. 조직과 조직을 둘러싸고 있는 공중이 하나의 쟁점에 대해 서로 영향을 주고받으면서 상호작용 하기 시작하면 두 주체 사이에 관계가 시작된다고 볼 수 있다. PR의 관계 형성적 기능이 PR의 본질이라는 점을 강조하면서 관계에 좀 더 초점을 맞춰 정의를 내린 것이 그 특징이라 하겠다(배지양, 2015).

최근 PR의 정의에서는 관계 생성 이외에 관계 관리기능을 강조하는 추세이다(이명천·김요한, 2019). 관리기능(management functions)이란 두 주체 간에 단기적인 긍정적 관계 형성도 중요하지만, 그 관계를 얼마나 오랫동안 지속적으로 유지하고 더 나아가 생산적이고 건설적인 측면에서 미래지향적으로 발전시킬 것인지에 대한 부분까지도 고려한다는 것이다(Cameron et al., 2008).

이 같은 변화를 고려할 때 ESG 기반의 광고PR 패러다임에서 고려해야 할 가장 중요한 요소는 첫째, 광고PR의 실행 단계가 달라져야 한다는 점이다. 둘째, 이해관계자 중심의 관점에서 관계에 초점을 맞추고 접근해야 한다는 점이다.

지금까지 광고와 PR은 보통 사후 단계에서 주로 활용되었다. 광고의 경우 제품이나 서비스가 나오면 이를 잘 알릴 수 있는 있는 특징과 시대상, 문화적 흐름들을 반영해 제작하는 방식이고, PR 역시 제품이나 서비스에 문제가 발생하거나 오너 리스크 같은 특정 이슈가 발생하면 이에 대응하는 방식으로 진행되어 왔다. ESG 경영을 광고PR에 적용하기 위해서는 지금까지 후단에 적용되던 광고PR의 영역을 전단으로 옮길 필요가 있다. ESG는 투자에서부터 제품 기획, 제조 과정, 서비스 사후 마케팅에 이르기까지 선형적으로 전반에 걸쳐 관리되는 재무적인 요소와 결합되기 때문이다. ESG 기반의 광고PR과 그동안 제시된 유사 개념 간의 가장 큰 차이점은 기업 PR이나 CSR, CVS가 기업의 비재무적인 요소들로 인식되었던 반면, ESG는 재무적인 요소로 치환될 수 있으며 기업의 목적에 따라 전략적으로 관리되어야 한다는 점이다.

예를 들어보자. 삼성전자는 2022년 1월 미국 라스베이거스에서 열린 세스(CES) 2022에서 파타고니아와 협력해 미세 플라스틱을 여과해 해양에 흘

그림 3-3 삼성전자의 CES 2022 기조연설

자료: 삼성전자 뉴스룸.

러 나가지 않게 하는 세탁기를 설계하겠다고 발표했다. 기존의 방식은 회사의 기획을 담당하는 부서와 제품을 담당하는 부서가 이러한 기획을 준비하고, 안이 만들어지면 홍보 담당 부서에서 언론과 각종 매체를 통해 알리는 식이다. PR 담당자는 환경단체가 삼성의 반환경적 이슈와 연계할지도 모를 위험 요소에 대비할 것이다. ESG 경영이 적용되면 광고PR 담당자는 기획 단계에서부터 참여해 적극적으로 의견을 개진하게 된다. 새로운 세탁기에 대한 마케팅적 분석에 더해, 환경적·사회적인 이슈 각각을 꼼꼼하게 짚어 보거나 적극적으로 주장하며 이를 제품에 어떻게 구현하고 그것을 알릴 수 있을 것인지 자연스럽게 논의할 수 있다.

제품을 만드는 포장재에 ESG적인 문제가 있다면 이를 기획·개발하는 활동을 할 수도 있다. 내부에서 자체적으로 하기 어려우면 적절한 스타트업이나 외부 전문가들과의 협업을 통해 진행할 수도 있다. 이렇게 변화를 이끌어가는 과정이 ESG 시대에 커뮤니케이션 영역에서 할 수 있는 활동이다.

5. "지구가 목적, 사업은 수단"

ESG 기반의 사고로써 기업의 목적을 가장 잘 구현하는 기업으로 파타고니아를 꼽을 수 있다. 파타고니아는 암벽등반가 이본 쉬나드(Yvon Chouinard)가 등산 장비인 피톤을 직접 만들어 판매한 것을 계기로 시작된 기업이다.

이후 등반가, 서퍼 등 아웃도어 익스트림 스포츠를 즐기는 사람들이 합류하면서 규모를 키웠다. 설립 초기 등산용 의류를 주로 제작했던 파타고니아는 제품군을 늘려 현재는 서핑, 스키와 스노보드, 플라이낚시 등 다양한 스포츠웨어 의류를 생산한다. 경영진 대부분은 자연에서 시간을 보내는 사람들이어서 자연스럽게 환경보호에 관심을 기울였고, 1988년부터 본격적으로 환경 캠페인을 전개하기 시작했다.

파타고니아가 점점 성장하자 쉬나드는 자신만의 사업 방식을 찾아야겠다고 결심한다. 그때부터 전통적인 기업문화에서 탈피해 일터를 자유롭고 즐겁게 만들고, 환경 위기에 대한 해법을 모색하는 데 적극적으로 사업을 이용하기 시작한다. 환경 피해를 줄인 기능성 원단 캐필린과 신칠라를 개발했으며 최초로 '겹쳐 입기(Layering)' 개념을 선보여 디자인적으로나 기능적으로 아웃도어 업계를 선도하는 롤모델 기업으로 자리 잡았다. 또한 모든 면제품을 유기농 목화로 제작하고, 매출의 1퍼센트를 자연환경 보존과 복구에 사용하는 '지구세(earth tax)'를 도입하기도 했다. 최근에는 고객들이 쓰레기를 늘리지 않도록 평생 수선을 책임지는 '고쳐 입기(Worn Wear) 프로그램'을 만들었다(Chouinard, 2020: 95, 178, 379).

파타고니아의 친환경 활동은 이윤 추구나 기업 이미지 개선을 목적으로 하는 사업이 아니다. 이본 쉬나드의 경영 철학인 "지구가 목적, 사업은 수

그림 3-4 파타고니아의 한국 관련 캠페인

파타고니아는 한국에서도 두 차례 캠페인을 진행했다.

자료: 파타고니아 유튜브 채널.

단"이라는 메시지가 전하는 것처럼 사업 자체를 통한 가치의 실현뿐 아니라 환경을 위해 사회정책을 변화시키고, 사람들의 의식과 행동을 바꾸는 진정한 ESG 경영을 실천하고 있는 것이다.

파타고니아는 한국에서도 두 차례 캠페인을 진행한 적이 있다. 2020년 7월 제주도 해녀를 주제로 다룬 다큐멘터리 영상 '제주에서 얻은 교훈'을 통해 여성이자 엄마가 되길 선택한 여성들이 꿈을 포기하지 않기를 바란다는 메시지를 전했다. 같은 해 11월에는 한라산, 산방산과 함께 제주도를 대표하는 천연 경관지로 손꼽히는 '송악산' 개발사업 추진을 저지하기 위해 2020년 제주 지역 환경단체들과 '송악산, 제발 이대로 놔둬서'라는 환경 캠페인을 전개하여 사업을 철회시키기도 했다.

광고PR 활동에서도 파타고니아는 여느 기업과 다른 모습을 보여주는데 여기에는 다음과 같은 세 가지 원칙이 있다.

- 우리의 목적은 홍보가 아닌 영감과 교육에 있다.
- 우리는 신뢰를 돈으로 사기보다는 자연스럽게 얻기를 원한다.
- 우리에게 최고의 지원은 친구의 입소문을 통한 추천이나 언론의 호의적인 언급이다.

- 광고는 최후에 의지하는 수단이며, 보통 스포츠 전문 잡지를 이용한다 (Chouinard, 2020: 254~255).

파타고니아는 제품이나 기업에 대한 직접 또는 간접 광고보다는 기업의 진정성 있는 활동을 기획하고 이를 언론보도를 통해 알려나가는 방식을 취한다. 물론 이와 같은 방식을 구사하는 기업이 파타고니아만은 아니다. 그러나 "소수의 사람을 오랫동안 속일 수 있고 모든 사람을 잠깐 속일 수는 있어도, 모든 사람을 오랫동안 속일 수 없다"라는 링컨의 말처럼 진정성과 지속성이 보장되지 않은 캠페인이 도리어 부정적인 결과로 나타난 사례들을 떠올릴 때, 파타고니아의 사례는 다른 기업들과 분명 차별화되는 점이 있다.

이런 파타고니아도 제품 광고를 한 적이 있었는데 2011년 블랙프라이데이를 맞아 ≪뉴욕타임스≫에 게재한 '이 재킷을 사지 마세요(DON'T BUY THIS JACKET)'라는 광고이다.

재킷 하나를 만드는 데 136리터의 물이 들고, 재킷 무게의 2.4배인 9킬로그램의 이산화탄소가 배출되며, 옷감의 3분의 2는 버려진다는 이 광고가 요즘 나왔다면 아마도 '어그로 끄는 광고'라며 비판받았을 것이다. 사실 이 광고는 단순히 제품을 광고하는 것이 아니라 파타고니아라는 기업의 신념과 소비자의 행동 변화를 촉구하는 캠페인 성격이 강했고, 결과적으로 파타고니아의 홍보 원칙인 입소문과 언론의 호의적인 보도를 이끌어내는 데 성공했다. 물론 해당 광고 이후 재킷은 날개 도친 듯 팔려 매출이 30%가 오르면서 광고의 메시지 전달은 실패(?)에 그치고 말았지만 말이다.

우리나라 기업의 PR 조직 내에서는 여전히 언론 홍보에 무게중심을 두고 있는 것이 현실이다. 하지만 전문가들은, 언론은 PR이 관리해야 할 이해관계자 중 하나로 비중이 점점 축소될 것이라고 전망한다. 매체에 기사 잘 나오게 하거나 아니면 잘 빼거나 하는 일이 PR 담당자의 능력이었던 시절을 넘어 다양한 이해관계자들을 상대·관리해야 하고, 기업의 방향을 진정성 있게 설득하는 방향으로 업무의 틀을 확장시켜 나가야 할 때이다(*THE PR*, 2021.12: 23).

6. E S G 따로따로?

레베카 헨더슨(Revecca Henderson)은 『자본주의의 대전환(Reimagining Capitalism)』에서 "우리 시대의 커다란 문제들을 해결하는 것이 투자자들의 이익과도 맞닿아 있다면 그들이 올바른 일을 하려 노력하는 기업을 지지하도록, 올바른 일이 수익도 나는 일임을 증명해 주는 측정 기준을 개발해야 한다. 투자자들 역시 공유가치 창출의 장점을 이해할 수 있도록 환경 및 사회 문제 해결의 비용과 편익이 보여주는, 감사할 수 있고 반복 적용 가능한 측정 기준이 필요하다. 소위 환경, 사회, 지배구조 지표는 이러한 도전에 대한 응답이라고 볼 수 있다"(Henderson, 2020)라고 제안한다. 그러나 여기서 그가 언급하는 측정 기준은 이해관계자의 가치와 만족을 고려하지 않고, 단지 투자자를 위한 ESG 지표로서의 성격이 강하다.

ESG가 투자와 경영에서 권고 사항이 아닌 강제 사항이 되어가면서 성과를 측정할 수 있는 지표들이 국내외에서 활발히 연구되고 있다. 그런데 대부분의 척도와 지표가 ESG 각각의 개별적 수치로 분리되다 보니, 각 요소 간에 영향을 미칠 수 있는 관계 측정에 대한 고려는 아직 부족한 상태이다. 광고PR 업계의 상황도 마찬가지여서 ESG 관련 광고PR 역시 ESG 개별 요소가 친환경 또는 지속가능성이라는 타이틀로 두루뭉술하게 이미지화하거나 구체적인 사례 한 가지를 설명하는 형식에 머무르고 있다. 주주자본주의에서는 주주의 가치 극대화를 위해 환경의 변화가 기업에 미치는 영향을 내부적(inward)인 방향으로 연구했고, 이해관계자자본주의 관점에서도 ESG 경영을 기업의 투자가치를 측정하는 방향으로 진행되어 왔다면, 이제는 기업의 ESG 노력이 주주를 비롯해 고객, 근로자, 협력업체, 지역사회, NGO 등에 어떻게 긍정적으로 영향을 미치는지 외부적인(outward) 방향으로 평가하는 것이 중요하다. 즉, 지금까지 연구되어 온 투자자 중심의 측정 척도가 내부적 관점이라면 이해관계자 중심의 외부적 관점의 측정 척도의 개발이 필요하다. 또한 각 개체별 실체보다는 실체 간의 관계가 중요하다는 관점에 따라 들뢰즈가 말한 리좀적 사유체계를 바탕으로, 지금까지 환경·사회·지배구조가 개별적으로 연구되고 측정되어 왔던 것을 이 요소들 간의 관계 속에서 통합적으로 측정할 필요가 있다.

7. E - S = 0 ?

스타벅스 직원들 '트럭시위' … "대기음료 650잔에 파트너들 눈물"

스타벅스커피코리아 매장 직원들(파트너)이 7일 잇단 이벤트 등에 따른 과중한 업무 부담을 호소하며 처우 개선을 촉구하는 트럭 시위를 벌였다. 스타벅스 직원들은 이날 오전 10시부터 트럭 2대에 처우 개선을 촉구하는 전광판을 단 채 강남과 강북으로 나눠 시위를 진행했다.……

강남역에 나타난 트럭 전광판에는 "스타벅스 코리아는 과도한 판촉 비용 감축하고 인사 비용 강화하여 인력난 개선하라", "리유저블컵 이벤트, 대기음료 650잔

에 파트너들은 눈물짓고 고객들을 등 돌린다" 등의 문구가 걸렸다(연합뉴스,
2021.10.7).

스타벅스 코리아는 일회용 컵 사용을 줄이자는 취지로 다회용 컵에 음료를 제공하는 '리유저블컵데이(reusable cup day) 행사'를 진행했다. 스타벅스 코리아의 행사 취지는 친환경을 앞세운 ESG 경영의 일환으로 평가되지만, 결과적으로는 직원들의 업무 부담 및 고충을 늘려 오히려 저임금과 처우 개선을 요구하는 트럭 시위를 촉발하는 계기가 되었다. 이렇듯 리유저블컵데이 행사는 환경(E) 측면에서 긍정적이었으나, 사회(S) 측면에서는 부정적인 ESG 활동임을 보여준다. 즉 기업의 친환경 활동이 무조건적으로 ESG 경영에 도움이 되지 않을 수도 있다는 말이다. 간단하게 수식화하면 환경적인 측면에서 얻은 플러스 효과는 이해관계자의 반발로 마이너스 효과를 거두었으므로, 결과적으로 ESG 측정값은 0이 된 셈이다.

이처럼 ESG 활동은 환경, 사회, 지배구조 각 차원을 독립적으로 관리하기보다는 전체 E, S, G 간의 상충관계를 종합적으로 고려해 E, S, G 전체를 조화롭고 균형 있게 다루어야 한다. 스타벅스 코리아의 사례는 ESG 경영의 각 요소를 개별화해 독립적인 성과 지표를 설정하고 이를 달성하려 했을 때 나타나는 문제점을 잘 보여준다. 이는 환경이나 사회 등 ESG의 특정 영역을 담당하는 광고PR 실무자라 할지라도 개별적인 관점이 아니라 통합적인 관점을 갖춰야 할 필요가 있다는 점을 보여준 사례이다.

8. "이해관계자 모두가 다 중요하다."

우리는 개별 기업마다 서로 다른 목적을 가지고 있지만 모든 이해관계자에 대한 핵심적인 사항을 함께 공유한다. 우리는 이렇게 다짐한다.

- 고객에게 가치를 전달할 것이다. 고객의 기대에 부합하거나 그 이상을 선도해 온 미국 기업의 전통을 발전시켜 나가겠다.
- 직원들에게 투자할 것이다. 직원들에게 공정하게 급여를 지급하고 필요한 복지를 제공하는 것부터 시작하겠다. 빠르게 변화하는 세상에서 직원들이 새로운 기술을 개발할 수 있노록 훈린과 교육을 통해 지원할 것이다. 기업 내 다양성과 포용성, 존엄과 존경을 강화하겠다.
- 거래 기업들을 공정하고 윤리적으로 대우할 것이다. 우리의 일을 돕는 크고 작은 기업들에 좋은 파트너로서 헌신적인 태도를 보이겠다.
- 사업을 하는 지역사회를 지원할 것이다. 지역 주민을 존중하고 기업 전반에 걸쳐 지속가능한 관행을 포용함으로써 환경을 보호하겠다.
- 기업들이 투자하고 성장하며 혁신할 수 있도록 자본을 공급하는 주주들을 위해서는 장기적 가치를 창출하겠다. 투명성 및 주주들과의 효율적 관계에 전념하겠다.

이해관계자 모두가 다 중요하다. 우리는 기업과 지역사회, 그리고 국가의 성공을 위해 이들 모두에게 가치를 전달할 것을 약속한다(비즈니스라운드테이블 홈페이지).

기업의 목적을 단지 이윤 창출에만 두지 않고 기업과 종업원, 지역사회와 관련 단체, 국가에 이르기까지 모든 이해관계자를 위하겠다는 발상은

그림 3-5 이해관계자자본주의를 선언한 비즈니스라운드테이블

자료: 비즈니스라운드테이블 홈페이지.

언뜻 보면 이상에 불과한 이야기로 들릴 수 있다. 하지만 이윤 추구에 국한되지 않고 지속가능한 지구와 이해관계자 모두의 번영과 자유를 도모하는 방식으로 확대하는 것이 기업 자체의 존속과 발전에도 기여하는 방식이 된다면, 이는 실행력을 갖기에 충분한 요인이 될 수 있을 것이다.

이해관계자 이론은 1963년 미국 SRI 인터내셔널(Stanford Research Institute International) 내부의 메모에서 처음으로 사용되었으며, 1990년대부터 이에 대한 다양한 분석이 이루어졌다. 이 이론에 따르면 기업의 존속에 불가피한 주주, 종업원, 고객, 경영자, 공급자, 커뮤니티 6개 부류의 집단을 이해관계자로 제시하면서, 윤리적 행동이나 장기적 이익을 판단할 경우 이들의 이익이 고려되어야 한다고 주장했다(Donaldson and Preston, 1995: 65~91). 이해관계자는 1970년대 프리드먼으로 대표되는 시카고학파 중심으로 주창한 주주자본주의가 하나둘 문제점을 드러내자, 이에 대한 대안

으로 이해관계자자본주의가 출현하면서 점차 부각되었다.

PR 이론에서도 PR이 곧 대(對)언론 관계라는 기존의 전통적인 개념과 다른, 이해관계자 접근법을 취하고 있다. PR에서 이해관계자는 조직의 행동, 의사결정, 정책, 관행 또는 목표에 영향을 미치거나 아니면 영향을 받는 개인 또는 집단을 일컫는다. 기업의 구성원이나 지역사회 주민과 같은 이해관계자들은 다분히 수동적인데 그들이 좀 더 높은 인지도를 갖추고 능동적으로 변하면 공중이 된다(최윤희, 2018: 78). 제임스 그루닉(James Grunig)은 이해관계자와 공중이 어떤 특정 정책 사안과 관련해 영향을 주고받을 수 있는 사람들을 포함한다는 점에서 공통되지만, 이해관계자는 아직 그들의 관심과 요구를 정책 과정에 행동으로 옮기지 않은 사람들이라는 점에서 공중과 구별된다고 주장했다. 따라서 이해관계자란 활동적 공중으로 발전되기 전의 잠재적 공중이라고 할 수 있다(Grunig and Hunt, 1984).

그러나 과거와는 달리 유무신망을 통해 연결이 크게 확대된 새로운 온라인 미디어 환경에서 이해관계자의 행동은 기존의 공중에 대한 설명보다는 훨씬 복잡다기한 양상을 보인다.

SNS를 위시한 1인 미디어의 발달은 레거시 미디어의 기능 중 의제 설정 기능을 약화시켰다. 실제로 이슈의 생성 과정과 흐름을 분석해 보면, 이제 사회·문화 분야의 의제는 SNS를 통해 형성되고, 이를 레거시 미디어가 확대·재생산하는 방식으로 전개되는 경향이 두드러진다. 즉 다양한 이해관계자들의 온라인 미디어를 통한 일상 활동이 본인의 의지와 관계없이 이슈가 되고 조직화되는 경우가 빈번히 발생하는 것이다. 최근의 소비자 행동 중 이른바 '돈쭐'은 이를 잘 나타내는 사례이다. 이 외에도 온라인이라는 특성상 동일한 이해관계자가 주주인 동시에 종업원이고 소비자도 되는 다중 공중의 성격을 띨 수 있고, 익명성이라는 특징으로 인해 공중의 개념에서 벗어난 행동이 나타날 수도 있다.

결국 "PR 활동은 조직이 관계를 맺는 모든 공중을 상대하기보다는 조직에게 특별한 의미를 가지는 공중, 즉 이해관계자를 상대로 해야 한다"(Broom, 1982: 17~22)라는 기본 방침에 충실하면서도, 변화하는 미디어 환경과 다양한 이해관계자의 특성을 고려한 커뮤니케이션이 필요한 시점이다.

ESG 기반의 광고PR에서 이해관계자의 특성과 방향은 2019년 미국의 CEO 모임인 비즈니스라운드테이블(Business Round Table)에서 발표한 선언을 참고할 만하다. 우리나라 기업의 ESG 관련 대응이 일부 기업을 제외하고는 여전히 위기 대응 차원에 머물러 있는 현실에서 2019 비즈니스 라운드테이블의 선언은 ESG 시대라는 새로운 패러다임 시대를 맞아 기업이 어떻게 변화해야 하는지를 잘 제시하고 있다.

02

광고PR 현장의 ESG 적용 사례

1. "광고도 정보입니다!"

"광고도 정보입니다. 광고 듣고 오시죠." 이 말은 2000년부터 13년간 〈손석희의 시선집중〉이라는 라디오 프로그램을 진행했던 손석희 앵커가 방송 중간, 광고를 틀기 전에 가끔 했던 말이다. 대부분의 진행자가 "잠시 전하는 말씀 듣겠습니다"나 "잠시 후에 뵙겠습

그림 3-6 '광고도 정보다' 리포트를 보도한 〈MBC 뉴스데스크〉

자료: 〈MBC 뉴스데스크〉(1994.11.11).

니다"와 같이, 광고에 대해 프로그램과 직접 관련이 없다는 이미지를 주는 소극적인 안내가 대부분이던 시절에 이 발언은 다소 파격적이었다. MBC는 이보다 앞선 1994년 11월 11일 〈MBC 뉴스데스크〉에서 '광고도 정보다'라는 리포트를 통해 광고의 정보 전달 기능에 대해 언급한 바 있다.

이처럼 광고의 정보 전달 기능 측면에서 볼 때 일반 소비자가 ESG에 대해 가장 많이 인지하게 되는 경로는 아마 광고를 통해서일 것이다. 우리나라 기업에도 ESG 바람이 불면서 대기업을 중심으로 ESG 광고가 활발히 진행되고 있다. 그러나 우리나라의 ESG 광고는 'E' 즉 환경을 소재한 광고

가 대부분이다. 이는 소비자에게 가장 직관적으로 ESG의 이미지를 전달할 수 있기 때문인 것으로 보인다. 실제로 한 연구에 따르면 "소비자들은 비록 기업의 ESG 경영에 대한 지식과 이해도는 낮은 수준이지만, 이러한 경영 활동이 기업 차원에서 중요하고도 필연적인 방향이라고 인식하고 있어서 'ESG 경영이라는 단순한 용어 제시'와 'ESG 경영에 자세한 설명을 추가한 메시지'를 특별히 구분하여 평가하지 않는 것으로 생각된다"고 한다 (유재웅·진용주·이현선, 2021: 61).

2. ESG는 E 편한 세상?

최근 소비자의 ESG 인식에 대한 조사 결과(한경ESG, 2022)를 보면 'ESG'라는 용어에 대한 소비자 인지율은 69.2%에 달했다. '들어본 적 있지만 내

그림 3-7 ESG 인지 여부

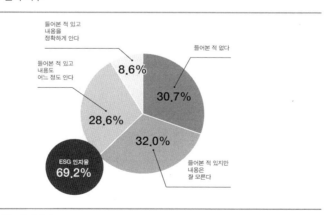

자료: 한경ESG, 글로벌리서치.

용은 잘 모른다' 32.0%, '들어본 적 있고 내용도 어느 정도 안다' 28.6%, '들어본 적 있고 내용을 정확하게 안다'가 8.6%였다. ESG 용어를 '들어본 적 없다'는 응답은 30.7%에 그쳤다.

소비자들은 ESG 경영을 잘하는 기업에 높은 점수를 줬다. 응답자들은 ESG를 잘하는 기업은 이미지가 좋아지고(84.9%, '그렇다' + '매우 그렇다'), 응원하고 싶으며(82.6%), 신뢰감이 생기고(80.9%), 해당 기업의 제품과 서비스를 이용하고 싶다(76.5%)고 답했다(한경비즈니스, 2022.8.14). 조사에 따르면 70% 가까운 사람들이 ESG에 대해 인지하고 있다고 한다. 그러나 이 조사를 다른 측면에서 들여다보면 전혀 다른 결과가 나온다. 들어본 적 없거나 들어봤지만 내용은 잘 모르는 사람의 비율이 62.7%이다. 즉 절반 이상의 사람들은 ESG가 무엇인지에 대해 알지 못한다는 말이다. 한편 80% 정도의 사람들은 ESG를 잘하는 기업은 이미지가 좋아지고, 신뢰감이 생긴다고 한다. 이러한 소비자 태도를 고려하면 환경을 중심으로 한 ESG 광고는 일견 당연한 결과로 보인다. ESG라는 어려운 용어를 직접 설명하는 것이 아니라 직관적으로 이해할 수 있도록 친환경 이미지로 상징화한 후 여기에 ESG라는 단어를 포함시키면, 소비자에게 친ESG 기업으로 보일 수 있기 때문이다. 하지만 ESG의 생소함 때문에 정보를 알려는 욕구가 강한 점, ESG를 지지하는 사람들이 적극적으로 행동하는 편인 점을 고려한다면 E뿐만 아닌 S와 G를 포괄하는 광고PR로 변화할 필요가 있다.

3. 우리 지구 푸르게 푸르게

해외 ESG 광고 중 눈길을 끄는, E를 소재로 한 광고는 HP의 프린팅 트

그림 3-8 HP 프린팅 트리

자료: HP Youtube Chennel, Printing Trees.

그림 3-9 유한킴벌리 초기 광고 '우리 강산 푸르게 푸르게'

자료: 유한킴벌리 유튜브 채널.

리(printing tree)를 들 수 있다.

HP는 프린터 등 사무기기를 제작하는 업체인데 제품의 특성상 플라스틱 카트리지, 오일 성분의 잉크 외에도 인쇄 과정에서 필연적으로 종이가 사용될 수밖에 없는 까닭에 반환경기업의 속성을 띨 수밖에 없다. HP는 ESG가 중요해지는 산업 환경에서 이를 정면 돌파하기로 하고, 자사 제품을 더 많이 이용하는 것이 친환경적이라는 반전의 캠페인 영상을 제작했다. 영상은 프린터로 종이가 인쇄되는 소리가 날 때마다 숲의 나무와 풀이 자라난다는 내용이었다.

나무 심기 캠페인은 아마존에서도 진행하고 있는데 아마존이 개발한 AI

스피커 알렉사에게 "알렉사, 나무 심어줘(Alexa, grow a tree)"라고 말하면 재조림을 지원하는 환경단체에 1달러가 기부되는 형식이다.

사실 나무 심기 캠페인과 관련해서는 국내 기업 유한킴벌리가 원조 격이라고 할 수 있다. 1984년에 시작된 유한킴벌리의 '우리 강산 푸르게 푸르게' 캠페인은 38년을 넘어 지금까지도 지속되어 성공적인 ESG 슬로건으로 회자되고 있다.

4. 쓰레기에 휩쓸린 영국 의사당

환경을 소재로 한 광고 중 참신한 기법으로 화제를 모은 캠페인으로는 그린피스 영국(Greenpeace UK)에서 2021년 5월에 제작한 영상을 들 수 있다. 보리스 존슨(Boris Johnson) 당시 영국 총리가 엄청난 양의 플라스틱 쓰레기 더미에 휩쓸리는 장면을 담은, 단편영화 형태의 1분 48초짜리 영상이다. 제목은 '웨이스트민스터: 다우닝가 재앙(Wasteminster: A Downing Street Disaster)'으로 영국의 국회의사당 웨스트민스터(Westminster)를 웨이스트민스터(Wasteminster)로 패러디했다.

일반적으로, 광고에서 환경과 관련된 주제는 추상적인 희망의 메시지를 주는 경우가 대부분이다. 불편한 현실을 전달하는 경우에도 감성적인 메시지를 담아 보는 이들의 거부감을 최소화하지만, 이와 같이 유머나 풍자 코드를 사용하는 경우는 흔치 않다. 해당 영상은 무거울 수 있는 주제를 3D 그래픽을 사용해 코믹하게 구현함으로써 부담스럽지 않게 메시지를 전달했다는 데 의의가 있다.

그림 3-10 유머와 풍자로 환경 메시지를 전한 영국 그린피스

자료: Greenpeace uk youtube channel.

5. E 〈 S

앞서 언급한 것처럼 ESG 관련 국내 광고는 E에 관한 내용이 대부분이지만, ESG 각 요소 중 상대적으로 큰 영향력을 끼치는 것은 E가 아니라 S인 것으로 나타났다.

허종호 외(2022) 연구에 따르면 ESG 각각의 개별 활동은 기업의 명성을 향상시키는 데 도움이 되지만, 각 활동의 상대적인 영향력을 비교했을 때 E 및 G 활동보다 S 활동이 그 주된 요인이라는 결과를 도출했다.

해외 광고에서도 환경을 주제로 한 광고는 큰 비중을 차지하고 있다. 그러나 서구 사회를 중심으로 여성과 소수자에 대한 차별이나 인권과 다양성에 대한 관심이 늘어나면서 S에 해당하는 사회적 이슈에 대한 광고도 크게 늘어나고 있다. 특히 스포츠 브랜드 광고가 대표적인데, 나이키와 퓨마의 광고를 들 수 있다.

나이키는 인종차별에 대응하는 광고 캠페인을 지속적으로 전개해 왔다. 2018년에는 "흑인과 유색인종을 억압하는 국가의 국기에 경의를 표현하

그림 3-11 'Just Do It'을 차용한 'For once, Don't Do It' 캠페인 영상

자료: Nike Youtube Channel.

그림 3-12 "Believe in Something. Even if it means sacrificing everything"

자료: 나이키 30주년 기념 광고.

그림 3-13 퓨마, 'The unlevel playing field'

자료: PUMA Youtube Channel.

기 위해 일어서지 않을 것"이라며 경기장을 떠난 흑백 혼혈의 스타 쿼터백 콜린 캐퍼닉(Colin Kaepernick)을 광고모델로 기용했다. 2020년에는 조지 플로이드 사건 직후 자사의 'Just Do It'을 차용한 'For once, Don't Do It'이라는 제목의 1분짜리 영상을 게재했다.

독일 스포츠 브랜드 퓨마는 여성 스포츠 선수가 남성에 비해 상대적으로 차별받는 현실을 극적으로 드러내기 위해, 기울어진 운동장을 직접 제작한 후 남자 선수 팀이 여자 선수 팀과 경기를 하여 차별을 직접 체험하도록 하는 캠페인을 진행했다.

스포츠 브랜드 기업이, 특히 여성과 유색인종에 대한 차별에 민감하게 대응하는 이유는 단순히 브랜드 이미지 때문만은 아니다. 이들이 가진 시장의 잠재력을 고려하면서도, 제품의 효용만이 아닌 사회적 가치를 전달하는 기업의 목적을 지속적으로 알릴 필요가 있다고 판단하기 때문이다. ESG 관점의 지속적이고 복합적인 요소를 고려하지 않

은 채 브랜드 이미지 제고만을 염두에 두었다가 실패한 사례가 바로 아디
다스이다.

6. 부화뇌동, 화이부동

아디다스도 나이키 못지않게 인종차별 문제에 지속적으로 관심을 기울
여 왔다. 조지 플로이드 사건 이후, 아디다스는 이례적으로 경쟁사인 나이
키의 게시물을 리트윗하며 "함께하는 게 변하는 방법"이라는 메시지를 남
겼다. 그러나 미국 아디다스에서 근무하는 한 흑인 직원이 회사에 공개 사
과를 요구하는 서한을 보내면서 예상치 못한 상황에 직면한다. 대외적으
로는 인종차별에 반대하면서 정작 내부 기업문화는 그렇지 않다는 이 직
원의 비판을 시작으로, 흑인 직원들은 회사 앞에서 항의 시위를 벌이기 시
작했다. 결국 아디다스는 미국 내 신규 채용 인원 중 최소 30%를 흑인과
라틴계로 채우고, 향후 5년간 50개 대학의 흑인 학생들에게 장학금을 지
급하겠다는 약속을 한 후에야 사태를 수습할 수 있었다.

부화뇌동(附和雷同)은 중국 춘추전국시대의 고전인『논어』에 나오는 말로,
뚜렷한 생각 없이 경솔하게 남의 의견을 따라 하는 태도를 이르는 말이다.
같은 책에 나오는 화이부동(和而不同)은 생각을 같이하지 않지만 화합하고
다양성을 존중하는 정신을 일컫는다. 결국 조지 플로이드 사건에 대한 아디
다스의 캠페인은 부화뇌동하고 화이부동하지 못한 결과라고 할 수 있다.

그루닉의 상황이론에서는 공중을 "변화하는 상황에 따라 만들어졌다가
이슈나 상황이 해결되면 사라지는 집단"으로 정의했지만, 오늘날의 온라
인 공중은 이슈에 대한 정보 공유와 참여를 기본으로 하는 활동적 공중으

로 발전될 가능성이 매우 높다(Grunig, 1984).

배미경(2003)은 온라인 공중의 특성을 여섯 가지로 구분했다. 그중 온라인 공중은 네트워크가 지닌 속성으로 인해 온라인 공간상에 커뮤니티와 같은 조직을 만들어 집단적 힘을 갖춤으로써 조직의 이미지를 손상시키거나 경제적 손실을 가져다줄 수 있다고 분석했다.

S는 IT와 인터넷에 익숙하고, 각종 경험을 SNS로 공유·전파하는 특징이 있는 디지털 미디어 시대에 특히 중요하다.

7. 로고가 보이지 않는 까닭은?

G는 특성상 전통 PR의 위기관리 유형에 해당되는 성격이 강해서 적극적인 광고나 PR 사례를 찾아보기 쉽지 않다. G에 해당되는 대표적인 광고 캠페인으로는 트루 컬러스(TRUE COLORS)의 영상을 꼽을 수 있다.

앞서 언급한 조지 플로이드 사건을 계기로 촉발된 블랙 라이브스 매터스(BLACK LIVES MATTERS) 운동은 미국 내 흑인 사회를 중심으로 급격히 확산됐고, 곧 인종을 넘어 대다수 미국인의 공감을 이끌어냈다. 이를 사회운동 측면에서 보면 S에 해당되지만, 이사회의 구성, 경영 활동 등 구조적인 문제를 지적할 경우에는 G의 영역에 포함된다고 볼 수 있다. 앞서 살펴본 아디다스 시위에서도 흑인이 한 명도 포함되지 않은 이사회 구조에 대해 문제를 제기한 바 있다.

비슷한 시기에 글로벌 광고대행사인 굿비 실버스타인 & 파트너스(Goodby Silverstein & Partners)의 카피라이터 트레버 조플린(Trevor Joplin)과 아트 디렉터 엘러너 라스크(Eleanor Rask)가 인스타그램에 공개한 트루 컬

그림 3-14 트루 컬러스(TRUE COLORS) 프로젝트 광고

주요 기업 임원 가운데 백인 비율을 투명도로 표현했다.

자료: THE COLORS 인스타그램.

러스 프로젝트는 G를 개선하기 위한 메시지를 담고 있다. 흰색 바탕에 골드만삭스, 아디다스, 넷플릭스, 뉴욕타임스 등 미국의 다양한 주요 기업 로고를 내보이고, % 형식의 숫자를 덧붙인다. 이 숫자는 해당 기업 임원 중 백인의 비율을 적시한 것인데 비율이 낮을수록 로고는 투명해져 잘 보이지 않도록 표현한다. 이 프로젝트는 미국 기업 내 임원진 구성에서 인종차별적인 요소가 있다는 점을 지적하고, 이에 대한 개선을 촉구했다는 점에서 G에 해당하는 광고로 볼 수 있다.

국내에서 지배구조 개선을 체계적으로 준비하고 있는 사례로는 삼성전자의 준법감시위원회를 꼽을 수 있다. 2020년 출범한 준법감시위원회는 ESG 경영과 관련해 특히 지배구조 개선의 중요성을 강조했는데, 2022년 2월 출범한 2기 준법위는 3대 중심 추진 과제 중 하나로 '지배구조 개선을 통한 ESG 경영 실현'을 선정해 삼성의 지배구조 개선 작업을 추진 중이다. 그러나 ESG 추진 방법에서 기존의 CSR 비전과 테마에 맞는 사업을 공동 추진하도록 방향을 설정한 것으로 보아 ESG에 대한 이해도는 다소 부족한 듯하며, 이와 관련한 광고PR 활동 역시 이름에 비해 아직 두드러지지 않고 있다.

8. '방만 경영' 공공기관이 ESG를?

공공기관은 공공성과 기업성이라는 특성을 함께 갖추고 있어 일반 기업보다 ESG 경영을 적용하기에 비교 우위의 환경에 놓여 있다고 볼 수 있다. 우리나라의 공공기관은 에너지, 고용, 복지, 환경, SOC 등 국민생활과의 접점에서 공공서비스를 제공하고 있으며, 예산 규모는 정부 예산(2021년 761조 원)의 1.3배 수준으로 국민경제에서 차지하는 역할과 비중도 상당히 큰 편이다. 또한 국민의 세금으로 운영되기 때문에 생산성 제고, 재무 건전성 강화 등을 통한 책임경영이 더욱 필요하다고 볼 수 있다.

> 공공기관의 체질 개선, 방만경영 축소, 저탄소 경영전략 수립 및 중대사고 감축 등 책임성을 높이는 동시에 이사회, 감사기구의 역할 강화 등 공공기관의 지배구조도 투명하게 개선할 필요가 있습니다. 또 당장의 생존에 신경 쓰느라 ESG 경영 도입에 어려움을 겪는 중소기업을 공공부문이 조력해야 합니다. 이를 위해 공공기관이 보유한 정보, 노하우, 자산 등을 대거 개방하고 공유할 필요가 있습니다(김윤상, 2022: 6~7).

우리 정부는 2021년 8월 'ESG대응 종합대책'을 통해 정부기관의 ESG 경영에 대한 큰 그림의 밑바탕을 그렸다. 핵심은 '공공기관의 ESG 경영 선도와 공공 부문의 ESG 투자 활성화'이고 세부 실행 계획은 중소·중견 기업을 대상으로 지속가능성장위원회 설립을 통해 탄소중립 대응과 연구개발(R&D) 확대 지원 등을 골자로 한다. 이에 따라 3개 본부·국에 시범 도입한 '기후예산제'를 2022년부터는 시정 전 분야에 전면 도입해 2023년 예산에 반영하기로 한 서울시를 비롯해, 금융 공공기관 최초로 탄소중립 전략

그림 3-15 공공기관의 ESG 관련 회의

자료: 한국자산관리공사 홈페이지; 한국토지주택공사 홈페이지.

을 수립하고 이사회 내 ESG 위원회를 신설한 IBK기업은행, 사회적가치추진위원회를 확대·개편해 '코바코 ESG(kobaco ESG) 추진단'을 구성한 한국광고진흥공사 등 많은 공공기관이 ESG 경영 실천을 위한 노력을 다방면으로 경주하고 있다.

다만 공공기관의 ESG 역시 대기업 사례와 유사하게 대부분 환경 부분에 초점을 맞추고 있다는 점이 아쉬운 대목이다. 일반적으로 공공기관 하면 떠오르는 부정적인 이미지는 '철 밥통', '방만 경영'과 같은 단어들이다. 그러나 조금만 더 들여다보면, 공공기관의 방만 경영은 사실 일부 기관을 제외하면 자체적인 문제보다는 정치를 비롯한 외부적인 문제가 주된 원인이라는 것을 알 수 있다. 이와 같은 부정적 이미지는 G를 지배구조 개선의 관점이 아닌 투명 경영 관점으로 접근할 경우 더 적극적으로 ESG 경영 사례를 PR 및 광고 형식을 통해 전달할 수 있다. 이런 관점에서 한국자산관리공사(캠코)의 ESG경영위원회를 통한 이사회 운영 활성화와 역할 강화, 한국토지주택공사(LH)의 지속적인 경영혁신 추진과 ESG 경영을 위한 'LH ESG 경영혁신위원회' 구성 등은 눈여겨볼 만하다.

9. 때로는 이미지로, 때로는 친절한 설명으로

모든 광고PR이 마찬가지이지만, ESG 역시 매체 특성에 맞는 다양한 접근 방식이 필요하다. 단순히 이미지를 전달하는 신문 광고나 TV 스폿의 경우 직관적인 친환경 이미지로 ESG를 표상하는 방법이 효과적이겠지만, 검색 등을 통해 적극적인 행동에 나서는 온라인과 SNS 같은 경우에는 어떤 ESG 활동을 했는지 알기 쉽게 사례로 보여주거나 놀이를 통해 소비자 참여를 유도하는 등 다양한 방식이 필요하다.

유럽은 이미 2021년 3월부터 유럽 역내에서 거래하는 모든 금융기입에 ESG 공시를 의무화했다. 우리나라도 2025년 도입을 목표로 ESG 공시 의무화 방안을 추진하고 있다. 보통 기업의 ESG 보고서는 공식 홈페이지나 ESG 전문 플랫폼을 통해 공개되는데 투자자나 주주를 대상으로 하기 때문에 일반인에게는 그리 큰 관심을 얻지 못한다.

카카오는 ESG 보고서 발행 후 누구나 ESG를 쉽게 이해할 수 있는 4분여의 영상 콘텐츠로 재구성해 카카오 공식 유튜브 채널에 게재했다. 이 영상은 조회수 약 12만 회를 기록해 큰 반향을 불러일으키지는 못했지만,

그림 3-16 카카오의 ESG 홍보 '은밀하게 위대하게'

자료: 카카오 유튜브 채널.

그림 3-17 삼성 반도체 ESG 홍보대사 달수

자료: 삼성반도체 뉴스룸.

그림 3-18 11번가 희망쇼핑

자료: 11번가 유튜브 채널.

그림 3-19 「LG 시도쏭」 한 장면

자료: LG그룹 유튜브 채널.

ESG에 대한 카카오의 꾸준한 노력을 지속적으로 알림으로써 긍정적인 반응을 얻을 수 있었다. 기업의 홈페이지나 SNS 채널을 방문하는 소비자는 정보 습득에 매우 적극적인 편이다. 따라서 이들에게는 이미지 위주의 TV나 신문 광고보다는 기업의 ESG 활동을 쉽게 풀어 제공하는 방식이 훨씬 효과적일 수 있다.

어려운 ESG를 쉽게 풀어낸 사례는 삼성반도체의 〈달수의 ESG로그〉에서도 볼 수 있다. 삼성반도체는 지역 환경 개선을 위해 제조 공정에 사용한 폐수를 기준보다 엄격히 정화해 방류했고, 그 결과 인근 오산천의 수질이 개선되어 수달이 다시 찾아오게 되었다. 삼성전자 반도체는 이 수달을 캐릭터로 활용한 웹툰 〈달수의 ESG로그〉를 연재하고 있다. 삼성반도체의 신입사원이 된 달수가 ESG 홍보대사가 되어 다양한 ESG 경영 사례들을 설명하는 이 웹툰은, 웹툰이라는 특성상 MZ세대를 비롯한 젊은 세대에게 친ESG 기업으로서의 이미지를 심는 데 크게 기여하고 있다.

이 밖에 유기묘 11마리를 선정해 아이돌 콘셉트로 데뷔시키고 이를 유기동물 후원과 연계한 11번가의 희망 쇼핑이나, 새로운 시도들이 모여 모

두에게 가치 있는 미래를 만들어나간다는 내용을 담은 「LG 시도쏭」 역시
유튜브 플랫폼의 특성을 잘 살린 좋은 캠페인이라는 평을 받고 있다.

10. 미디어 기업의 ESG

ESG에 대한 관심이 높아지면서 신문과 방송 등에서도 ESG 관련 보도
와 행사 빈도가 매우 높아지고 있다. 일부 매체들이 포럼, 컨퍼런스 등 다
양한 ESG 관련 행사를 개최하고, 기업의 ESG 활동을 평가해 시상하는 반
면, 또 다른 매체들은 언론이 ESG를 단순히 돈벌이 수단 중 하나로 활용하
고 있다며 이를 비판한다. 그렇다면 기업과 공공기관의 ESG 경영을 알리
거나 비판하는 미디어 기업의 ESG 현황은 어떨까?

이미 해외 주요 미디어 기업은 적극적으로 ESG 이슈에 대응하고 있다.
대표주자로 넷플릭스를 꼽을 수 있는데, 넷플릭스는 2019년부터 발간
한 「ESG 보고서」를 통해 온실가스 배출량, 인종·성별 등 고용 다양성과

그림 3-20 넷플릭스 「ESG 보고서」

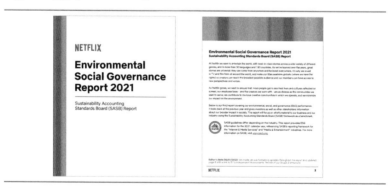

자료: NETPLIX homepage.

그림 3-21 "What is BBC Future?"

BBC는 탄소발자국 계산기를 개발해 프로그램 제작 시 적용하고 있다.

자료: https://www.bbc.com/future/article/20151016-welcome-to-a-home-for-the-insatiably-curious.

소수자의 미디어 재현, 개인정보 보호 등의 다양한 이슈가 포함된 구체적인 자료를 통해 ESG 관련 기업 현황을 밝히고 있다.

영국의 BBC는 프로그램 제작 시 환경 영향을 최소화하기 위해 친환경 제작 기준을 만들고, 탄소발자국 계산기를 개발해 적용하고 있다. 또한 '5050 평등 프로젝트'를 통해 모든 출연진과 제작진의 남녀 성비를 동일하게 하기 위해 노력 중이며, 전체 직원의 20%를 소수 인종으로, 12%를 장애인으로 고용하겠다는 목표를 제시하기도 했다.

영국 일간지 ≪가디언≫은 화석연료 기업의 광고는 더는 싣지 않겠다고 선언하며, 2030년까지 순배출 제로를 달성하겠다는 활동 목표를 밝히기도 했다.

반면 국내 미디어 기업들의 활동은 대부분 ESG 경영이나 사회적 책임 경영보다는 '사회공헌 활동'에 가깝다는 것이 전문가들의 지적이다. 해외 미디어 기업들은 내부부터 변화시키는 CSR을 실천하려 하는 반면, 우리나라 미디어 기업들은 공익 캠페인이나 자선활동과 같이 인적·물적 자원의

그림 3-22 CJ ENM이 발간한
ESG 리포트

그림 3-23 일부 언론사의 ESG 수익사업화에 대한 비
판 기사

자료: CJ ENM 홈페이지.

자료: KBS NEWS 유튜브 채널.

사회적 환원에 초점을 맞추고 있다는 것이다(한국기자협회보, 2022.8.1).

　지상파 3사의 경우 홈페이지 어디에서도 자사의 ESG 경영과 관련된 정보를 찾아볼 수 없다. KBS의 경우 「경영평가보고서」에서 여성과 장애인의 고용 비율 등을 공개하는 등 공영방송으로서 수행하는 다양한 활동이 ESG와 무관하지 않다는 입장이지만, 같은 공영방송인 BBC와 비교했을 때 미흡한 점이 많은 것이 사실이다. MBC는 2023년까지 본사의 업무용 차량을 친환경 전기차로 바꾸겠다고 발표한 정도이고, SBS는 사이트의 IR, PR 메뉴 어느 곳에서도 ESG 관련 사항을 확인할 수 없다. 물론 모든 미디어 기업이 그런 것은 아니다. CJ ENM은 2021년 「콘텐츠와 커머스, 선한 영향력의 시작」이라는 첫 ESG 리포트를 발간하고 자사의 ESG 철학을 '플래닛(Planet), 피플(People), 비즈니스(Business)' 세 분야로 정의했다. ≪한겨레≫도 그동안 실천해 왔던 CSR 경영을 ESG 기준에 맞춰가면서 기후변화 팀 신설, 인쇄 부수 감축, 비정규직 고용 지양 등의 노력을 하고 있다.

　이런 가운데 일부 언론사가 ESG 관련 행사나 시상식을 통해 ESG를 수익사업화하는 데 대한 비판이 나오기도 했다. 미디어가 기업과 공공기관의 ESG를 점검하고 평가하는 것을 부정적으로 볼 것만은 아니다. 더욱 객

관적이고 과학적인 ESG 평가 기준을 만들어 그린워싱과 같은 부작용과 오용에 대해서는 날카롭게 비판할 수 있는 언론의 환경 감시 기능을 유지한다면, 우리 사회의 ESG 기반을 탄탄하게 하는 데 분명 큰 힘이 될 수 있을 것이다. 다만 그렇게 되기 위해서는 외주 제작사의 횡포, 일부 출연자에 대한 차별, 홍보성 기사 남발 등 미디어 업계 내외부의 병폐를 해결할 자체적인 ESG 경영 실천이 필요한 시점이다.

11. 광고PR 대행사의 ESG

커뮤니케이션 그룹 가운데서 ESG나 「지속가능경영보고서」를 발간하고, 관련 목표를 세우는 곳들은 주로 상장사들이다. 글로벌 커뮤니케이션 그룹 WPP는 2025년까지 탄소 배출 넷제로를 달성하고, 2030년에는 공급망에까지 확대·적용하겠다고 발표했고, 옴니콤그룹은 기업 책임 전략과 성과에 관한 보고서를 발간하여 자사 사회적 책임(CSR)의 방향성을 제시했다. 에델만은 ESG를 위한 정책을 별도로 꾸리지는 않았지만, 기업가 정신, 시티즌십 등 에델만 차원에서 추구하는 6가지 가치(직원의 사회봉사, 일회용품 사용 안하기 등)를 실천하고 있다.

커뮤니케이션 기업에서 실천하는 ESG의 특징은 제조업 등과 비교할 때 환경에 악영향을 끼치는 업종은 아닌 만큼, S 부문 목표 설정에 더 주력하는 경향이 있다. Diversity, Equity, Inclusion을 뜻하는 DE&I 책임자를 유색인종이 맡는 경우가 많고, 회사 임원진 구성에서도 인종별 비율이나 성적 다양성, 젠더 평등 등이 주요하게 다뤄진다. 여성 리더십, 포용적 문화를 성취하기 위한 도전도 광범위하게 일어나고 있다(THE PR, 2022.1).

그림 3-24 제일기획 쓰레기 줄이기 캠페인

자료: 제일기획 홈페이지.

그림 3-25 이노션의 ESG 활동

자료: 이노션 홈페이지

국내 기업들 중에서도 상장사인 제일기획과 이노션, 지투알 등은 자사 홈페이지에 환경, 사회, 지배구조를 개선하기 위한 자사의 노력을 밝혔다. 제일기획은 최근 몇 년간 ESG와 관련된 국내외 평가에서 중하위 등급을 부여받는 등 ESG에 소극적이라는 지적을 받았다. 그러나 최근에는 ESG 담당 조직을 꾸리고, 이사회에서도 ESG 관련 이슈를 적극적으로 논의하고 점검할 방침이다.

이노션은 코로나19로 어려움을 겪는 파트너사를 지원하기 위해 상생 프로그램을 운영하고, 어려움을 겪는 농가의 쌀을 수매해 차상위계층에 지원하는 등 협력사, 지역사회와의 상생 협력 활동을 활발히 전개해 왔다. 이런 노력을 인정받아 2020년에는 동반성장지수평가에서 최우수 등급을 획득하기도 했다. 홈페이지에 온실가스 사용량, 에너지 사용량 등 지난 3년간 환경경영을 이행한 실적을 공개해 놓기도 했다.

HS애드와 지투알도 ESG위원회를 2021년 5월 업계 최초로 신설하고, 같은 해 11월에 협력사 대표들과 친환경 실천을 위한 협약을 맺었다. 광고 제작 환경에서 탄소 배출과 자원 순환을 위한 관리 체계를 정립·실천하기 위한 것이었다. 이 밖에 일부 PR 대행사는 술, 담배, 도박 관련 업무를 맡지 않고, 디자인 CI부터 친환경 프로세스를 밟아 인쇄 시에도 재생지를 사용하고, 콩기름 잉크로 컬러를 만히 사용하지 않는 등 친환경 패키지를 실현하기도 한다.

제작 환경 개선과 관련해 눈길을 끄는 광고는 SK이노베이션의 윤활유인 SK지크

그림 3-26 친환경 제작과정을 통해 제작되는 SK지크 제로 캠페인

자료: SK ZIC 유튜브 채널.

제로 캠페인인데, 이 광고는 SK이노베이션 계열이 강력히 추진하는 주력 사업인 '그린 전환(Green Transformation) 전략'에 맞춰 광고 영상 제작 과정부터 포스터 제작, 이벤트 경품까지 친환경 요소를 최대한 반영한 전방위 ESG 광고 캠페인을 시도했다.

SK지크 제로의 광고 영상은 '찐' 친환경 광고를 만드는 과정 자체를 메이킹 필름 형식으로 만들었는데 촬영을 위해 자연광과 자가발전 조명을 사용하고, 제품 배경 합성도 최소화했다. 매번 새로 촬영하는 자동차 주행 장면 일부도 2014년에 제작한 영상을 재활용했다. 광고 포스터 또한 친환경적으로 제작했다. 완성된 포스터는 100% 생분해되는 사탕수수로 만든 비목재 친환경 종이인 얼스팩(earth pact)에 인쇄했고, 댓글 이벤트 경품도 친환경 제품으로 준비했다.

열악한 근무 환경에 시달리는 광고PR 대행사에 무조건적으로 ESG 실천을 바라는 것은 현실적으로 다소 무리가 있다. 그러나 ESG 광고PR을 담당하는 곳이 정작 ESG에 무심하다는 역설은 비판을 받기에 충분하다. 유튜브에 올라온 ESG 광고 영상에 달린 댓글 중에 "환경 광고를 만들기 위해 환경을 파괴하는 역설……"이라는 비아냥거림을 흘려들을 일은 아니다.

03

메타버스 생태계와
광고PR 패러다임 전환

1. 메타버스 세상이 오기는 할까?

메타버스 세상을 가장 쉽고 생동감 넘치게 풀어낸 영화로 스티븐 스필버그의 〈레디 플레이어 원(Ready Player One)〉(2018)을 꼽을 수 있다. 영화 속 메타버스인 오아시스에서는 전광판과 전체 스피커를 통해 공지사항이 흘러나오는데, 정부 부처에서 일하고 있는 필자의 입장에서는 이 시스템을 정책PR이나 주민투표 등에 활용하면 좋겠다는 생각에 유달리 기억에 남았던 경험이 있다. 메타버스가 국내에 본격적으로 알려지기 시작한 것은 2020년 무렵이다. 물론 이보다 앞선 2018년 네이버의 자회사인 네이버 제트가 '제페토'라는 메타버스를 출시했지만, 당시에는 너무 이른 감이 있었다. 일반인들이 메타버스에 관심을 보이기 시작해 미디어에서 앞다투어 이를 소개한 시점은 대략 2020년 무렵이었고, 2021년을 정점으로 이제는 오히려 다소 시들해진 느낌이다. 여기에는 여러 가지 이유가 있다. 메타버스의 기반이 되는 VR이 상용화되지 않았고, 기존 SNS와 다르게 라이프로깅이 아직 대중화되지 못했고, 메타버스 내 경제활동 기반인 가상화폐와 NFT(non-fungible token) 거품이 꺼지는 등 여러 가지 요인이 복합적으로 작용한 탓이다. 아마도 기존의 HMD를 대체할 안경형 디스플레이 형식의

그림 3-27 메타버스 세상을 가장 쉽고 생동감 넘치게 풀어낸 〈레디 플레이 원〉

그림 3-28 한국 문화를 소개하는 메타버스 '코리아 월드'

자료: 워너브러더스 코리아.

자료: 해외문화홍보원 '코리아월드'.

새로운 디바이스가 나오고, 일반 웹브라우저가 3D 웹브라우저로 진화하면서 홈페이지가 홈스페이스로 바뀌게 되면 메타버스는 다시 본격적인 궤도에 올라설 수 있을 것이다.

필자가 근무하는 해외문화홍보원에서도 외국인을 대상으로 한국 문화를 소개하고 국가 이미지를 제고하기 위해 '코리아 월드'라는 메타버스를 개발해 공개한 바 있다. 아직은 베타 버전이어서 이용자 참여가 많지 않지만, 이곳에서 활동하는 사람들의 국적, 방문 장소, 선호 장르 등의 데이터가 취합되면 국가 브랜드 홍보에 유용하게 활용될 것으로 기대한다.

2. 메타버스 세상은 게임으로부터

메타버스 환경이 가장 발달되어 있고, 향후 발전 가능성이 높은 분야는 게임이다. RPG(roll playing game)에 익숙한 MZ세대는 캐릭터와 3D 환경에 거부감이 없고, 아이템 구매 등 경제활동 역시 이미 활발한 편이다. 코카콜라, 삼성, 폭스바겐과 같은 기업은 이미 〈풋볼매니저〉, 〈하이퍼스케

그림 3-29 〈풋볼매니저〉의 가상 광고판

자료: 〈풋볼매니저 게임〉.

이프)와 같은 인기 시뮬레이션 게임 내에 가상 광고판을 운영하고 있다. 마스터카드도 〈LOL〉 게임 내에 배너를 게시했고, 레이싱게임 〈트랙매니아〉는 가상 옥외광고를 삽입해 개인별로 차별화된 광고를 가상 전광판에 표출했다. 게임 내 광고 플랫폼 판매사인 비드스택(Bidstack)에 따르면 이러한 광고가 이용자들 95%에게 게임 활동의 현실감을 향상시키고 구매 의향을 12% 증가시켰다고 한다.

게임 업체의 메타버스 구현은 아직 개발 단계여서 광고 시장 일부를 차지한다고 말할 규모는 아니지만, 시장 성숙도를 고려했을 때 메타버스 광고가 가장 빠르게 성장할 수 있는 분야이다.

메타버스에서의 광고 유형은 어떻게 달라질까? 앞서 언급한 사례는 사이버 공간인 것을 제외하고는 기존 옥외 광고나 PPL 형식과 별로 차이가 없다. 그러나 메타버스가 가상과 현실을 매개하는 공간이라는 점과 VR 등을 통해 몰입감을 극대화할 수 있다는 점, 사용자 데이터 분석을 통해 실시간 타기팅이 가능해진다는 점 등을 감안하면 훨씬 더 다양한 차원의 광고 형식을 전개할 가능성이 있다.

메타버스 내 브랜드 3D 매장에서 브랜드의 세계관이나 스토리를 체감하면서 로열티를 높이는 것도 가능하다. 다양한 이야기와 체험놀이 등을 통해 기존의 쇼룸보다 훨씬 효과적인 홍보가 가능하며, 디지털 휴먼 인플루언서를 통한 광고나 PR도 가능해진다. 이미 싸이더스 스튜디오 엑스가 선보인 로지, 롯데홈쇼핑 쇼호스트 루시, LG전자 김래아 등의 버추얼 휴 먼들이 온라인과 SNS에서 활동하고 있다. 메타버스 공간에서는 이들의 말을 듣거나 노래를 감상하는 것을 넘어 상호 대화, 팬 미팅 등 다양한 활동을 통해 사용자와 직접 대면할 수 있다. 사용자가 메타버스 내에서 친구를 만나고 공간을 이동하는 동안 스폰서 콘텐츠를 만날 수도 있다. 동시에 여러 명이 상호작용 할 수 있는 메타버스 공간에서는 여러 사람이 함께 광고를 체험하는 일도 가능하기 때문이다. 가상세계와 현실세계를 연결하는 캠페인도 가능하다. 〈레디 플레이어 원〉의 주인공 웨이드 와츠가 메타버스인 오아시스에서 재킷을 구매하면 현실세계에서 직접 받아보는 것과 동일한 형태이다. 메타버스 내에 실생활과 같은 서비스를 구현해 이를 현실과 연결하는 캠페인은 XR을 실감하도록 해 큰 효과를 볼 수 있다. 비록 메타버스가 아직 완성 단계에 이르지는 못했지만, 이와 같은 형식의 광고는 이미 일부 실현되고 있다. 당장 큰 수익을 얻을 수는 없더라도 새로운 환경에 적합한 노하우를 축적해 가는 과정이기도 하고, 그 자체만으로도 현재 이슈가 될 수 있기 때문이다.

이처럼 메타버스 내 광고 시장이 엄청난 잠재력이 있는 것은 사실이지만, 그로 인해 발생할 문제점도 적지 않다. 이는 세 가지 과잉 상태를 불러올 수 있는데, 첫째는 정보 과잉이다. 메타버스 내 광고PR 기업은 메타버스에서 활동하는 사용자에 관한 정보를 얻는다. 물론 기존의 온라인 마케팅에서도 일정 정도 정보 취합은 가능했지만, 성숙한 단계의 메타버스에서는 어디로 가서 무엇을 보고 무엇을 했는지부터 표정이나 목소리 등 생리적 정보 데이터까지 추적이 가능하다. 기업이 얻을 필요 이상의 정보는 개인과 사회 전체에 큰 부작용을 유발할 수 있다. 둘째, 광고 과잉이다. 앞서 언급한 다양한 방식의 광고를 비롯해 광고인지 아닌지를 구별할 수 없는 네이티브 광고가 크게 증가하여 광고 과잉 상태가 가속되면 결과적으로 사용자에게 부정적인 인식을 유발시킬 수 있다. 셋째, 감각 과잉이다. 메타버스는 디바이스를 통해 시각과 청각 외에 촉각, 후각 등 더 많은 감각을 체험할 수 있는 플랫폼이다. 현실이 아닌 가상공간에 지나치게 많은 감각 정보가 빈번히 제공될 경우 사용자는 피로감을 느끼게 되고, 전달 효과는 감소할 수밖에 없다.

메타버스의 발전 속도와 더불어 광고PR 시장도 이미 빠르게 변화하고 있다. 아직은 실험 단계로 운영되고 있는 메타버스 광고PR 산업은 기대와 우려의 시행착오를 동시에 축적해 나가야 할 것이다.

3. ESG도 버거운데 메타버스까지 ······

메타버스와 ESG가 뜨거운 이슈가 되면서 광고PR 실무자들의 어려움은 배가되고 있다. 메타버스만 해도 현 상황에서 어떻게 풀어가야 할지 막막한데, ESG라는 개념까지 더해지면 그야말로 허상에 허상을 더한 것 같은 착각을 느낄 정도이다. 실제로 얼마 전 한 공공기관의 캠페인을 담당한 광고 실무자는 메타버스를 활용해 최대한의 홍보 효과를 내달라는 요구를 받은 적이 있다고 한다. 동시 접속자가 300~600명을 넘어설 수 없는 메타버스 환경에서는 노출을 극대화하는 일이 불가능했던 터라 고심 끝에 메타버스에서 진행되는 행사 화면을 유튜브로 중계하는 임기응변으로 대처했다는 이야기를 듣고는 실소했던 적이 있다.

그러나 장기적으로 볼 때 메타버스를 활용한 기업들의 ESG 활동은 앞으로 더 활성화될 것으로 예측된다. 이는 메타버스 공간 자체가 ESG에 적합한 특징을 가진 플랫폼이기 때문이다. 메타버스는 회의, 미팅, 신제품 발표회 등 오프라인 행사를 최소화해 탄소 발생을 억제할 수 있는 친환경적인 특성이 있다. 둘째, 쌍방향 소통 공간의 확보가 가능하다. 메타버스 상의 아바타는 다양한 참여자들 간의 의사소통을 가능하게 할 뿐만 아니라 공지 기능을 통해 일방적인 전달도 가능하며, 아바타의 표정·동작 등을 통해 그에 대한 반응도 확인할 수 있다. 셋째, 투명 경영에도 기여할 수 있다. 일반 기업의 주주총회, 이사회 등의 공개와 참여가 메타버스상에서 진행될 수 있고, 공공기관의 경우 투표 기능을 활용해 공청회, 찬반 투표 등 정책 결정 과정을 투명하고 민주적으로 개선할 수 있다.

무엇인가 명확한 것이 보이지 않는 현 상황에서 아직 메타버스를 통해 ESG 활동을 전개하는 것은 쉬운 일이 아니지만, 이러한 특성과 필요성으로 인해 이미 하나둘 움직임이 보이고 있는 것만은 분명하다.

4. 마요네즈섬, 가전 아일랜드

〈동물의 숲〉은 일본 닌텐도에서 2001년에 출시한 커뮤니케이션 장르의 RPG 게임이다. 이후 지속적으로 신버전을 출시해 2020년 메타버스 형식의 〈모여봐요 동물의 숲〉 게임으로 발전하며 인기를 끌고 있다. 〈동물의 숲〉은 무인도를 오갈 수 있게 설정되어 있는데, 섬 자체가 캠페인을 전개하기 유리한 환경이라 이벤트 공간으로 활용되고 있다.

마요네즈 브랜드인 헬만스(Hellmann's)는 이 〈동물의 숲〉에서 '음식물 쓰레기 줄이기'라는 마케팅 캠페인을 구현했다. 동물의 숲 안에 가상 섬을 만들고 이용자들에게 가상의 '버릇없는 순무'를 기부하도록 초대했다. 이

그림 3-30 헬만스의 동물의 숲 '음식물 쓰레기 줄이기'

자료: Hellmann's Youtube Channel, https://www. youtube. com/c/HellmannsMayonnaise.

를 통해 헬만스는 음식물 쓰레기 자선단체인 페어셰어(FareShare)에 5만 끼의 식사를 기부했다. 헬만스는 우리에 가두지 않고 키운 닭의 알을 쓴다는 '케이지 프리 에그스(Cage Free Eggs)' 캠페인을 통해 소비지에게 가축 복시에 힘쓰는 기업 이미지를 심어준 바 있다. 〈동물의 숲〉은 동물 복지 이미지를 가상공간에 그대로 옮겨놓을 수 있으므로 효과는 배가될 수 있었다. 국내에서도 〈동물의 숲〉을 활용한 사례가 있다. LG전자도 동물의 숲 안에 세 가지 콘셉트의 테마존으로 이뤄진 가상 섬 'LG 홈 아일랜드'를 만들어 자사 제품을 살펴보고, VR에서 체험하는 캠페인을 진행했다. 게임으로 벨(동전)을 모아 해비타트 존에서 인증하는 미션을 통해 CSR 활동에 참여할 수 있도록 유도한다.

〈동물의 숲〉과 제페토는 10~20대 사용자가 주를 이룬다. 이들은 직접 구매력을 발휘하기 어렵지만, 특정 재화나 서비스를 한번 이용하면 다른 재화나 서비스를 소비하기 어려워져 기존의 것을 계속 이용하는 '잠금효과'를 기대할 수 있기 때문에 장기적인 관점에서는 유익한 캠페인으로 볼 수 있다.

5. 메타버스에 나무 심기

메타버스 내 나무 심기는 비교적 익숙한 캠페인이다. 메타버스 내에서 아이템을 수집하거나 메시지를 입력하면 스폰서가 이를 취합해 실제 공간에 나무 심기를 지원하는 형식이다. 국내에서는 경상북도 울진에서 대형 산불이 난 2022년에 집중적으로 진행된 바 있다. 산림청은 메타버스 플랫폼인 세컨블록에 조성된 가상의 숲에 입장해 나무 심기에 필요한 도구를 수집하고, 가상의 나무를 심는 '내 나무 갖기' 캠페인을 진행했다. 메타버스에 나무 한 그루를 심으면, 산불 피해 지역에는 나무 두 그루가 심어졌다. 유한킴벌리와 롯데월드는 제페토를 활용해 캠페인을 진행했는데, 유한킴벌리는 제페토 맵 내에 숲 복원을 응원하는 메시지, 지정 해시태그와 함께 피드를 올리도록 한 후 산불 피해 지역에 벌을 불러 모으는 효과가 있는 밀원수를 기부하는 형식으로, 롯데월드는 유저들이 롯데월드 대표 아이템을 구입하면 해당 금액만큼 롯데월드가 적립금을 도심 숲 조성을 위해 환경단체에 기부하는 방식을 취했다.

아마존은 자체 개발한 AI 스피커 알렉사(Alexa)에게 "알렉사, 나무 심어 줘(Alexa, grow a tree)"라고 말하면 재조림을 지원하는 환경단체에 1달러가 기부되는 형식의 캠페인을 진행했는데, 특이한 점은 NFT를 활용해 기부자가 자신의 기부금으로 몇 그루의 나무가 심겼는지 추적할 수 있다는 점이다. 아마존은 이를 확대해 바이낸스와 공동으로 프로젝트 참여자의 규모와 영향력을 시각화하는 나무 NFT를 배치할 수 있는 메타버스를 개발 중인 것으로 알려졌다.

이 밖에도 NH농협은행은 메타버스 플랫폼 '독도버스'를 열고 랜덤으로 생성되는 쓰레기나 공병 아이템을 수거해 폐기장에 판매하거나 퀴즈맨의

그림 3-31 산림청이 세컨블록에서 진행한 '내 나무 갖기' 캠페인

그림 3-31 산림청이 세컨블록에서 진행한 '내 나무 갖기' 캠페인

자료: 산림청 홈페이지.

그림 3-32 LG전자가 동물의 숲에 만든 'LG 홈 아일랜드'

자료: LG전자 홈페이지.

내는 퀴즈의 정답을 맞히면 보상을 받을 수 있도록 하고 있으며, 코카콜라 코리아는 코카콜라 원더풀 아일랜드 메타버스 내에서 투명 음료 페트병이 재활용되는 과정을 소개하고 퀴즈를 통해 분리 배출법을 알아볼 수 있게 서비스하고 있다. 메타버스 내의 E 관련 캠페인은 주로 가상세계에서 게임이나 놀이 형식으로 참여를 유도하고, 이에 대한 보상을 현실세계의 기부로 연결하는 형태로 주로 진행되고 있다.

6. 산토끼보다 중요한 집토끼

메타버스에서의 ESG 중 S에 해당하는 활동은 주로 사회적인 이슈를 담거나 이해관계자 중 직원과의 소통, 근무 환경 개선 등을 중심으로 이뤄지고 있다. 특히 코로나 팬데믹으로 비대면 시대가 도래하면서 기업들은 실제와 가상이 공존하는 '하이브리드 근무 환경' 구축에 심혈을 기울이고 있다. 메타버스를 활용한 가상과 실제 사무 공간의 융합은 사무실 운영 경비를 절감하고, 출퇴근으로 인한 탄소 발생을 줄이며, 직원들의 근무 환경을 개선하는 일석삼조의 효과를 거둘 수 있어서 일부 글로벌 기업 위주로 시

그림 3-33 경남도청의 '멈춰라라랜드 경남!' 캠페인

자료: 경남도청.

그림 3-34 마인크래프트를 활용한 월드비전의 '랜선 자립마을'

자료: 월드비전.

도되고 있다. 마이크로소프트가 대표적인데, 자사 협업 툴인 '팀즈'를 기반으로 클라우드 서비스 '애저(Azure)'와 MR 플랫폼 '메시(Mesh)', 초거대 AI 등을 결합해 메타버스 근무 환경 구축을 위한 포괄적인 솔루션을 제공하고 있다. 국내에서는 동부건설이 메타동부 내에서 임직원 간 소통으로 조직문화를 개선하고, 물품 재활용으로 환경보호를 실천하는 플리마켓을 개설했고, DL그룹은 메타버스 갤러리를 구축해 다양한 세대의 직원과 직원 가족들이 직접 그린 그림을 국내외 임직원과 고객이 관람할 수 있도록 할 예정이다. 국내 기업들의 메타버스를 활용한 ESG 활동이 직원과의 소통에 방점을 찍는 이유는 비대면 업무 환경이라는 장점의 이면에 있는 조직에 대한 소속감 저하, 다양한 커뮤니케이션 채널 속에서 올바른 소통의 필요성 등을 이유로 사내 커뮤니케이션을 강화할 필요성을 느끼고 있기 때문이다.

ESG에 있어서 내부 커뮤니케이션의 중요성은 여느 때보다 커지고 있다. 단순히 회사의 ESG 활동에 대해 알리는 정도를 넘어 전략 수립, 실행 과정, 결과 도출에 이르기까지 ESG의 본질적인 차원에서 구체적인 내용을 직원들에게 체계적으로 이해시킬 필요가 있다.

메타버스를 통해 사회적인 캠페인을 전개한 사례로는 경남도청의 '멈춰라라랜드 경남!' 캠페인이 있다. 이 캠페인은 제페토 '경남도청 메타파크'에 도청 안 시설을 구현하고 오픈카 타고 도청 도로 달리기, 마스크 벗고 모여 대화하기 등 일상에서 누릴 수 없는 일들을 가상세계에서 즐기고, 현실세계에서는 잠시 멈춤을 실천하자는 뜻을 담았다.

월드비전의 '랜선 자립마을'은 마인크래프트를 활용한 사례로, 랜선 자립마을을 통해 아프리카의 생활환경을 간접적으로 엿볼 수 있으며 교육, 식수 위생, 보건 위생을 간접 체험할 수 있도록 기획되었다. S에 해당하는 캠페인은 사회적으로 민감할 이슈의 경우 오히려 부정적인 효과를 낳을 수 있어 홍보 효과가 큰 이슈보다는 기존의 CSR 활동을 이어가는 수준에서 전개하고 있다.

7. G=지배구조 개선? 투명 경영!

국립국어원은 ESG 경영을 대체할 쉬운 우리말로 '환경·사회·투명 경영'을 선정했다. G를 지배구조에 한정하면 성적·인종적 차별 없는 이사회 구성, 주주를 위한 장기적 관점의 가치 창출 등의 범위에 국한되지만, 이를 투명 경영으로 확대하면 지배구조나 경영활동에 대한 투명한 공개, 윤리적 경영 문화 정착, 준법경영 등 다양한 관점의 평가가 가능해진다.

메타버스를 활용한 투명 경영 사례는 한국남동발전과 GC녹십자의 활동을 꼽을 수 있다. 한국남동발전은 제페토 내에 '코엔 빌리지(KOEN Village)'를 통해 매월 각각 다른 ESG 콘텐츠를 개발해 한국남동발전 ESG 디자인단 발대식, 청렴, 윤리 확산 캠페인, 임직원 변화 관리 교육 등 ESG 경영활동에

그림 3-35 한국남동발전의 제페토 내 '코엔빌리지'

그림 3-36 GC녹십자의 '윤리의 날' 캠페인

자료: 한국남동발전 유튜브 채널.

자료: GC녹십자 홈페이지.

메타버스를 적극 활용하고 있다. GC녹십자는 윤리·준법을 준수하는 기업문화 정립에 대한 임직원들의 관심을 지속적으로 제고하고 활동을 독려하기 위해 '윤리의 날' 캠페인을 메타버스를 통해 진행했다. 퀴즈왕중왕전인 'U퀴즈 E(Ethics, 윤리)퀴즈', 임직원의 윤리의식 고취를 위한 '윤리화분' 및 '샌드아트' 이벤트, '동반성장 파트너스 데이' 등을 통해 딱딱하고 지루할 수 있는 내용을 놀이로써 자연스럽게 전달되도록 한 점이 특징이다.

  메타버스를 통한 투명 경영 실현을 위해서는 캠페인 위주의 틀을 벗어나 메타버스 내 이사회 개최, NGO와 지역사회 등 이해관계자와의 소통 강화, ESG 경영 공시에 대한 쉬운 설명 등 진정성을 확인할 수 있는 실질적인 내용과 이에 따른 PR이 진행되어야 할 것이다.

8. 버추얼 휴먼, 광고판을 흔든다?

  메타버스 내 관련 기술이 발전함에 따라 버추얼 휴먼의 쓰임새와 효과가 점차 늘어나고 있다. 버추얼 휴먼은 현실세계의 모델에 비해 시간과 체

그림 3-37 한국관광공사

그림 3-38 포항시 홍보대사 버추얼 휴먼 아일라

자료: 한국관광공사 버추얼휴먼 여리지.

자료: 포항시청 유튜브 채널.

력적인 문제, 시간에 따른 외모의 변화, 사생활 문제 등의 한계에서 자유로워서 안정성과 지속성을 가지고 활용할 수 있는 장점이 있다. 반면 가상인물이어서 느끼게 되는 괴리감이나 위화감(uncanny valley)으로 인해 대중에게 친근함과 진정성이 떨어진다는 점이나, 딥페이크와 같은 기술적인 리스크로 인해 악용될 수 있는 위험성 등이 단점으로 지적된다.

일반 기업에서는 이미 김래아, 로지, 루시 등의 버추얼 휴먼이 자사 홍보 플랫폼을 넘어 광고모델로까지 활발히 활동하고 있다. 최근에는 매년 연예인 홍보대사를 선정하던 공공기관과 지방자치단체에서도 앞다퉈 버추얼 휴먼을 홍보대사로 개발 또는 영입하는 추세이다. 구체적인 사례로는 한국관광공사의 여리지, 서울시 YT(Young Twenty), 경기도의 반디(Van;D), 포항의 아일라 등을 꼽을 수 있다. 이들 대부분은 기관의 자체 홍보영상이나 SNS를 통해 활동하고 있으나 아직까지 큰 효과를 거두고 있지는 못하다. 보통 유명인을 모델로 쓰는 경우에는 이들의 인지도나 이미지를 기업 또는 기관에 차용하려는 데 목적이 있다. 그러나 버추얼 모델은 이와 같은 효과를 살릴 수 없다. 이런 까닭에 버추얼 휴먼을 통한 광고PR 역시 초기에는 신인 모델을 썼을 때와 비슷한 수준으로 이슈 메이킹을 할

수밖에 없고, 다만 다소 저렴한 출연료 정도의 이점밖에 살리지 못하는 실정이다. 물론 포항시에서 채택한 아일라의 경우 디오비 스튜디오가 제작한 기존의 모델을 활용해 인지도 측면에서는 알려져 있지만 이 또한 삼성전자, 파리바게뜨 등에 모델로 출연하고 있어, 모델의 겹치기 출연에 따른 이미지 분산이라는 단점을 고스란히 떠안게 된다. 결국 메타버스 안에서의 버추얼 휴먼 활용은 커뮤니티의 성격을 감안해야 하며, 참여를 넘어 일상 체험이 가능한 공간이라는 메타버스의 특성을 고려한 스토리텔링이 기반이 될 때 비로소 장점을 극대화할 수 있다. 이미 아이돌들의 버추얼 휴먼을 만들고 있는 대형 연예기획사들은 단순히 사이버상에 미러월드를 구현하는 차원을 넘어 버추얼 휴먼의 유니버스를 구축하는 데 공을 들이고 있다. 버추얼 모델의 이름을 짓고, 성격을 부여하고 캐릭터를 만드는 데서 한 걸음 더 나아가 이들이 메타버스 공간에서의 활동을 통해 이들이 사용자들과 소통하며 (사용자의) 요구에 반응해 변화하는 과정을 보여주고, 이를 과거와 미래로 확장해 서사적으로 풀어내는 전략이 필요하다. 또 현실감을 극대화하기 위해 영화나 드라마, 책, 야외 행사, 캐릭터 등 현실세계와 어떻게 연계할지도 고민해야 한다.

9. 바꿀 것과 지킬 것

ESG와 메타버스는 한때 유행하다 사라지는 이슈가 아니라 지속적으로 유효한 키워드이며, 우리 사회의 패러다임을 바꿀 것이다. 인터넷에 이어 모바일이 등장하고 메타버스 시대가 도래하면서 사람들의 관계는 더욱 복잡해졌다. 이제는 사람 자체가 아닌 관계가 사람을 규정하는 시대에 접어들었다. 그사이 우리는 웹2.0의 집단 지성에 환호하다가 왜곡된 정보와 가짜 뉴스에 분노했다. 모바일 커뮤니케이션의 자유로움이 우리의 커뮤니티를 좀 더 아름답게 공존하도록 할 것이라고 믿었지만, 타자와의 차이에 귀기울이기보다는 자신을 과시하는 전형적인 화자 중심의 소통에 실망했다. 그리고 이제 우리는 메타버스라는 새로운 세상과 조우하며 기대와 우려를 동시에 품고 있다. 메타버스를 통해 함께 어울리는 즐거움과, 현실세계에서는 불가능했던 욕망의 실현으로 공감과 공존의 자유로움이 확장될 것으로 기대하는 한편, 현실을 망각한 가상세계의 반사회적 외톨이를 양산할 것이라고 우려한다. 지금은 누구도 확신할 수 없다.

ESG는 이 같은 불확실의 상자를 풀어가는 세 가지 소중한 열쇠가 될 수 있다. ESG는 단지 기업과 공공기관에만 해당되는 문제가 아니다. 인류의 생존을 위한 지속가능성의 문제이고, 관계 속에서 빚어진 차별과 불평등, 편견과 오해를 해소하는 사회적 계기로 작용해야 하며, 우리가 살아가는 세상의 투명성과 건전성을 확보하는 장치가 되어야 한다.

광고PR 분야 역시 위기에 대처하거나 만들어진 재화나 서비스에 대한 사후 홍보가 아니라 사전 단계부터 ESG의 목적과 당위에 맞는 대내외 커뮤니케이션을 지속적으로 개발하고 강화해야 하는 시기가 도래했다. 이를 위해 메타버스라는 새로운 플랫폼을 활용한 크리에이티브를 최대한 발휘할 필요도 있다.

"피(P)할 것도 알리고, 알(R)릴 것도 알린다", "아(A), 이것도 내 일(E)인가?"라는 광고PR 업계의 유행어처럼, 일은 더 많아질 수 있고 더 확장될 수 있다. 그러나 결국 '지속적인 상호작용', '진정성', '참신한 발상'은 새로운 패러다임에도 변함없이 적용 가능한 광고PR의 교과서이다.

참고문헌

경남도청 홈페이지. www.gyeongnam.go.kr.

김범준. 2019. 『관계의 과학』. 동아시아.

김영진·김상표. 2022. 『화이트헤드와 들뢰즈의 경영철학』. 솔과학.

김윤상. 2022. 「새로운 시작 혁신의 단초」. ≪공공사이≫, 1, 6~7쪽.

넷플릭스 ESG 리포트(2021), https://ir.netflix.net/governance/ESG/default.aspx; https://s22.q4cdn.com/959853165/files/doc_downloads/2022/03/30/2021-SASB-Report-FINAL.pdf.

들뢰즈, 질(Deleuze, Gilles). 2003. 『천개의 고원』. 김재인 옮김. 새물결.

배미경. 2003. 「온라인 공중: 개념, 특성, 공중 세분화에 관한 논의」. ≪홍보학연구≫, 14(3), 69~105쪽.

배지양. 2015. 「정책PR의 개념과 변화」. 박종민 외 공저. 『정책 PR론』. 커뮤니케이션북스.

비즈니스라운드테이블 홈페이지. https://www.businessroundtable.org/(검색일: 2022. 9.8).

산림청 홈페이지. www.forest.go.kr(검색일: 2022.9.8).

삼성반도체 뉴스룸. https://www.samsungsemiconstory.com/kr/category/esg/%eb% 8b%ac%ec%88%98%ec%9d%98-esg-%eb%a1%9c%ea%b7%b8/(검색일: 2022.9.8).

삼성전자 유튜브 채널. https://www.youtube.com/watch?v=-Hz_Wdu50aQ(검색일: 2022.9.8).

세계경제포럼. 2019. "A Platform for Impact." https://www3.weforum.org/docs/ WEF_Institutional_Brochure_2019.pdf.

세계경제포럼 유튜브 채널. https://www.youtube.com/worldeconomicforum(검색일: 2022.9.8).

스타우트, 린(Lynn Stout). 2021. 『주주 자본주의의 배신』. 우희진 옮김. 북돋움.

연합뉴스. 2021.10.7. "스타벅스 직원들 '트럭시위'…"대기음료 650잔에 파트너들 눈물".https://www.yna.co.kr/view/AKR20211007067500003?input=1179m(검색

일: 2022.9.8).

월드비전 홈페이지. www.worldvision.or.kr(검색일: 2022.9.8).

유재웅·진용주·이현선. 2021. 「ESG 경영을 주제로 활용한 기업 이미지 광고가 브랜드 태도
에 미치는 효과」. ≪브랜드디자인학연구≫, 19(2). pp.49~62.

유한킴벌리 유튜브 채널. https://www.yuhan-kimberly.co.kr/Newsroom/MediaView/
725(검색일: 2022.9.8).

이노션 홈페이지. http://www.innocean.com/ww-en/(검색일: 2022.9.8).

이명천·김요한. 2019. 『PR학개론』. 커뮤니케이션북스.

이본 쉬나드(Chouinard, Yvon). 2020. 『파타고니아, 파도가 칠 때는 서핑을: 지구가 목적,
사업은 수단』. 이영래 옮김. 라이팅하우스.

제일기획 홈페이지. https://www.cheil.com/hq(검색일: 2022.9.8).

최남수. 2021. 『이해관계자 자본주의』. 새빛.

최윤희. 2018. 『현대PR론』. 나남.

최준선. 2005. 「기업의 사회적 책임론」, ≪성균관 법학≫. 성균관대학교 법학연구소, 17(2),
pp.471~506.

카카오 유튜브 채널. https://www.youtube.com/watch?v=mIZtvPb-B8w(검색일:
2022.9.8).

토플러, 앨빈(Toffler, Alvin)·하이디 토플러(Toffler, Heidy). 2006. 『부의 미래』. 김중웅 옮
김. 청림출판.

파타고니아 유튜브 채널. https://www.youtube.com/watch?v=RDmyMqAbszw; https://
www.youtube.com/watch?v=r4jLplyxXqI(검색일: 2022.9.8).

포항시청 유튜브채널. https://www.youtube.com/watch?v=bfv870zgIEg(검색일:
2022.9.8).

한경비즈니스. 2022.8.14. "MZ세대 31.9% "ESG에 적극 참여 의사" … 기업 진정성엔 의구심
한경비즈니스". https://n.news.naver.com/article/050/0000061685(검색일:
2022.9.8).

한국관광공사 홈페이지. https://korean.visitkorea.or.kr/detail/rem_detail.do?cotid=a1
9750a3-7855-46ac-83ad-02f8b4c87dc8&con_type=10000(검색일: 2022.9.8).

한국기자협회보. 2022.8.1. " 쏟아지는 ESG 경영 기사들, 언론사·미디어 기업 현주소는",
　　http://www.journalist.or.kr/news/article.html?no=51943(검색일: 2022.9.8).

한국남동발전 유튜브 채널. https://www.youtube.com/channel/UC22ov3e9P5uQpXlD
　　7M4eYfA(검색일: 2022.9.8).

한국자산관리공사 홈페이지. http://www.kamco.or.kr/main.do(검색일: 2022.9.8).

한국토지주택공사 홈페이지. https://www.lh.or.kr/(검색일: 2022.9.8).

한정호·박노일·정진호. 2007. "온라인과 오프라인 커뮤니케이션 상황이 공중 세분화 변인에
　　미치는 영향에 관한 연구". ≪언론과학연구≫, 7(1), 319~350쪽.

해외문화홍보원 '코리아월드'. http://koreaworld.co.kr/KW2022/(검색일: 2022.9.8).

핸더슨, 레베카(Rebecca Henderson). 2021. 『자본주의의 대전환』. 임상훈 옮김. 어크로스.

허종호·박병규·김리아·김태민. 2022. 「ESG경영, 기업명성, 재무성과 간 구조적 관계 분석:
　　실험데이터와 현장데이터의 통합적 활용」. ≪생산성논집≫, 36(3), pp.5~31.

화이트헤드, 앨프레드(Alfred Whitehead). 1991. 『과정과 실제』. 오영환 옮김. 민음사.

11번가 유튜브 채널. https://www.youtube.com/watch?v=XJuA6Zd5_L4(검색일: 2022.
　　9.8).

CJ ENM 홈페이지. https://www.cjenm.com/ko/(검색일: 2022.9.8).

GC녹십자 홈페이지. www.gccorp.com(검색일: 2022.9.8).

KBS NEWS 유튜브 채널. https://www.youtube.com/c/newskbs(검색일: 2022.9.8).

LG그룹 유튜브 채널. https://www.youtube.com/watch?v=-DkhQbOTgTk(검색일:
　　2022.9.8).

LG전자 홈페이지. www.lge.co.kr(검색일: 2022.9.8).

MBC 유튜브 채널. https://www.youtube.com/c/MBCNEWS11(검색일: 2022.9.8).

SK ZIC 유튜브 채널. https://www.youtube.com/watch?v=BsHVB5eadGQ(검색일:
　　2022.9.8).

BBC Future planet. https://www.bbc.com/future/article/20200131-why-and-how-
　　does-future-planet-count-carbon(검색일: 2022.9.8).

Cameron, G. T. et al. 2008. *Public relations today: Managing competition and conflict.*

Pearson.

Cogan Douglas, G. 2003.3. *Corporate Governance and Climate Change: Making the Connexion.* Ceres.

Coleman, James. 1988. "Social Capital in the Creation of Human Capital," *American Journal of Sociology*, 94, pp.95~120.

Dodd Jr., E. Merrick.1935. "Is Effective Enforcement of the Fiduciary Duties of Corporate Managers practicable?" *The University of Chicago Law Review.*

Donaldson, Thomas and Lee E. Preston. 1995. "The Stakeholder theory of the Corporation : Concepts, Evidence, and Implications." *Acaddemy of Management Review*, 20(1), pp.65~91.

Friedman, Milton. 1970.9.13. "The Social Responsibility of Business is To Increase Its Profits." N.Y. Times.

Freidman, Milton and Rose. 1980. *Free to Choose, A Personal Statement.* Harcourt.

Greenpeace uk youtube channel. https://www.youtube.com/watch?v=Hr6RqGg6ExE (검색일: 2022.9.8).

Hang, M., Geyer-Klingeberg, J. and Rathgeber, A.W. 2019. "It is Merely a Matter of Time: A Meta-Analysis of the Causality between Environmental Performance and Financial Performance," *Business Strategy and the Environment*, 28(2), pp.257~273.

Hellmann's youtube channel. https://www.youtube.com/c/HellmannsMayonnaise(검색일: 2022.9.8).

HP officaial youtube channel. https://www.youtube.com/watch?v=2aK2mjXEi0o(검색일: 2022.9.8).

Langley, A. 1999. "Strategies for theorizing from process data", *Academy of management Review*, 24, pp.691~710.

League of Legends WORLDS-TRENDS 2020.

NIKE homepage. https://www.nike.com/(검색일: 2022.9.8).

NIKE youtube channel. https://www.youtube.com/watch?v=drcO2V2m7lw&t=4s(검

색일: 2022.9.8).

NETPLIX homepage. https://ir.netflix.net/governance/ESG/default.aspx(검색일: 2022.9.8).

Puaschunder, J. M. 2019. *Corporate Social Responsibility and Opportunities for Sustainable Financial Success.* IGI Publishing.

PUMA youtube channel. https://www.youtube.com/c/puma(검색일: 2022.9.8).

THE COLORS. OFFICIAL INSTAGRAM.

THE PR, Vol.140. 2021.12.

THE PR, Vol.141. 2022.1. pp.42~45.

UNEP homepage. https://www.unep.org/.

WEF Home page. https://www3.weforum.org/docs/WEF_Institutional_Brochure_2019.pdf.

지은이

김활빈

강원대학교 미디어커뮤니케이션학과 조교수이다. 고려대학교 신문방송학과와 동 대학원 언론
학과를 졸업하고 오하이오 대학교에서 저널리즘 석사학위를, 사우스캐롤라이나 대학교에서 매
스커뮤니케이션 박사학위를 받았다. 건강, 과학, 환경, 위험 등과 관련된 이슈를 미디어에서 어
떻게 재현하는지, 그리고 이를 사람들은 어떻게 인식하는지 등에 관심을 기울이고 있다. 한국광
고PR실학회 총무이사, 한국광고홍보학회 총무이사, 한국PR학회 연구이사, 한국언론학회 연구
이사 등을 맡고 있으며, ≪한국언론학보≫, ≪방송통신연구≫, ≪광고PR실학연구≫ 등의 편집
위원을 맡고 있다. 저서로 『디지털 시대의 PR학 신론』(공저, 2021), 『디지털 변화 속 광고PR
산업: 현재와 미래』(공저, 2021), 『건강과 커뮤니케이션: 이론과 실제』(공저, 2020) 등이 있다.

고흥석

국립군산대학교 미디어문화학과 교수이다. 고려대학교 신문방송학과 학사 및 석사 학위를 받았
으며, 미시건 주립 대학교에서 저널리즘 석사학위를, 동국대학교 미디어커뮤니케이션학과에서
언론학 박사학위를 받았다. 미디어 산업과 정책, 미디어 리터러시, 프라이버시 역설 현상 등을
주제로 연구하고 있다. 현재 한국미디어정책학회 총무이사, ≪한국언론학보≫ 편집위원을 맡고
있다.

박병규

문화체육관광부 해외문화홍보원(Korea Culture and Information Service, Ministry of Culture,
Sports and Tourism)의 해외문화홍보콘텐츠과 과장(Director of Global Communication and
Content Division)으로 근무하고 있다. 연구 관심 분야는 ESG, 메타버스 커뮤니케이션, 공공
PR, 디지털 스토리텔링 등이다.

한울아카데미 2412

**AI·메타버스 시대의
산업경제적 광고PR 전략**

ⓒ 김활빈·고흥석·박병규, 2022

지은이 ∣ 김활빈·고흥석·박병규
펴낸이 ∣ 김종수
펴낸곳 ∣ 한울엠플러스(주)
편집책임 ∣ 최진희

초판 1쇄 인쇄 ∣ 2022년 11월 21일
초판 1쇄 발행 ∣ 2022년 12월 2일

주소 ∣ 10881 경기도 파주시 광인사길 153 한울시소빌딩 3층
전화 ∣ 031-955-0655
팩스 ∣ 031-955-0656
홈페이지 ∣ www.hanulmplus.kr
등록번호 ∣ 제406-2015-000143호

Printed in Korea.
ISBN 978-89-460-7413-2 93320 (양장)
        978-89-460-8230-4 93320 (무선)

※ 책값은 겉표지에 표시되어 있습니다.
※ 무선 제본 책을 교재로 사용하시려면 본사로 연락해 주시기 바랍니다.